納税緩和制度の実務ハンドブック

黒坂 昭一／栗谷 桂一 共著

一般財団法人 大蔵財務協会

は じ め に

「災害は忘れたころにやってくる。」、いつも災害発生と共に痛感されます。

先の新型コロナウイルス感染症等の影響は、我々がこれまで経験した災害や経済情勢の変化等とは比較にならない程、社会経済面はもとより、税制面でも大きな影響を受け、我々の行動様式にも変化をもたらしましたが、その後様々な対応、対策がなされた結果、最近ようやく一応の落ち着きが見られた感があります。

そんな中、本年1月1日、誰もが「今年はどのような年に」と新たな気持ちで迎えたその日、本稿執筆中でもあったその日、「令和6年能登半島地震」が発生し、能登地方に甚大な被害をもたらしています。

自然災害の多い我が国においては、このような自然災害若しくは経済情勢の変化に伴うリスクを踏まえ、税制面においても、これら災害等に対して納税緩和制度を設けています。例えば、災害発生に伴う申告、納付等の期限に関し、国税通則法に定める「期限の延長」（通11）、また納税に関するものとしての「納税の猶予」（通46）、国税徴収法に定める「換価の猶予」（徴151、151の2）のほか、災害減免法、所得税における雑損控除などの多くの制度設計がなされています。

そこで、本稿では、自然災害若しくは経済情勢の変化に伴う「納付リスク」に対し、納税に関する緩和制度のうち、「納税の猶予」、「換価の猶予」及び「滞納処分の停止」について解説していきます。

税理士をはじめ実務家の皆様は、これらの納税緩和制度の活用は、災害等に伴う「納付リスク」の対応として、顧客への納付困難時のアドバイス等の支援として、「猶予制度」の知識は必須と考えています。これらの納税緩和制度における制度設計の趣旨、該当要件をよく理解いただき、実務に反映していただきたい。本書がその一助になれば幸いです。

最後に、本書発刊の機会をあたえていただきました一般財団法人大蔵財務協会の木村理事長をはじめ、刊行に当たって終始ご協力を頂きました編集局の諸氏に心から謝意を表します。

令和6年10月

執筆者代表　黒　坂　昭　一

凡　例

1　本文中に引用している法令等については、次の略称を使用しています。
　　措置法……………租税特別措置法
　　災害減免法………災害被害者に対する租税の減免、徴収猶予等に関する法律

2　（　）内の法令等については、次の略称を使用しています。
　　通………………国税通則法
　　通令……………国税通則法施行令
　　通規……………国税通則法施行規則
　　徴………………国税徴収法
　　徴令……………国税徴収法施行令
　　所………………所得税法
　　法………………法人税法
　　消………………消費税法
　　相………………相続税法
　　地………………地方税法
　　地令……………地方税法施行令
　　措………………租税特別措置法
　　行手……………行政手続法
　　行訴……………行政事件訴訟法
　　災………………災害被害者に対する租税の減免、徴収猶予等に関する法律

　　猶予取扱要領………平成27年3月2日徴徴5－10ほか「納税の猶予等の取扱要領の制定について」（事務運営指針）

3　通達等
　　通基通……………国税通則法基本通達
　　徴基通……………国税徴収法基本通達
　　猶予取扱要領………平成27年3月2日徴徴5－10ほか「納税の猶予等の取扱要領の制定について」（事務運営指針）
　　徴収事務提要………平成25年4月1日付徴徴2－13ほか「『徴収事務提要』の制定について」（事務運営指針）

（注）引用法令・通達の表記例
　　通46①……………国税通則法第46条第1項
　　通基通46－1………国税通則法基本通達第46条関係1

目　次

は　じ　め　に

第1章　納税緩和制度の概要
　[1]　納税の緩和制度とは……………………………………………………8
　[2]　納税の猶予制度としての「納期限の延長」～災害等による期限
　　　の延長……………………………………………………………………13
　[3]　納税の猶予、換価の猶予及び滞納処分の停止制度の概要…………19
　[4]　各猶予制度の特徴とその選択…………………………………………25

第2章　納税の猶予制度
第1節　納税の猶予制度の概要………………………………………………32
　[5]　納税の猶予制度の概要…………………………………………………32
第2節　災害により相当な損失を受けた場合の納税の猶予………………37
　[6]　災害により相当な損失を受けた場合の納税の猶予…………………37
　[7]　「相当な損失による納税の猶予」の申請手続等………………………42
　[8]　猶予申請に対する許可・不許可………………………………………50
　[9]　猶予期間の延長…………………………………………………………52
　　　（納税の猶予申請書）……………………………………………………54
第3節　一般的な納税の猶予…………………………………………………56
　[10]　「災害等に基づく納税の猶予」の要件等………………………………56
　[11]　「災害等に基づく納税の猶予」における猶予該当事実………………59
　[12]　「確定手続の遅延に基づく納税の猶予」の要件等……………………65
　[13]　納税の猶予における申請手続等………………………………………68
　[14]　納税の猶予に伴う担保の提供…………………………………………79
　[15]　猶予申請がなされた場合の税務署等の審査手続……………………82
　[16]　納税の猶予の効果（猶予制度活用によるメリット）………………87

[17]　納税の猶予と猶予期間の延長…………………………………91
　[18]　納税の猶予の取消し…………………………………………96
　　　　（納税の猶予申請書）…………………………………………100
　　　　（財産収支状況書）……………………………………………106
　　　　（財産目録）……………………………………………………114
　　　　（収支の明細書）………………………………………………121
　　　　（納税の猶予期間延長申請書）………………………………129

第3章　換価の猶予制度

第1節　換価の猶予制度……………………………………………134
　[19]　換価の猶予制度の概要………………………………………134
　[20]　「申請による換価の猶予」と「職権による換価の猶予」の選択……138

第2節　申請による換価の猶予……………………………………141
　[21]　「申請による換価の猶予」の要件等…………………………141
　[22]　申請による換価の猶予における該当要件…………………145
　[23]　猶予期間・分割納付…………………………………………152
　[24]　申請手続－担保の提供等……………………………………160
　[25]　猶予申請に対する審査等……………………………………163
　[26]　換価の猶予の効果（猶予制度活用によるメリット）………166
　[27]　猶予期間の延長………………………………………………170
　[28]　申請による換価の猶予の取消し……………………………173
　　　　（換価の猶予申請書）…………………………………………176
　　　　（換価の猶予期間延長申請書）………………………………180

第3節　職権による換価の猶予……………………………………183
　[29]　「職権による換価の猶予」の要件等…………………………183
　[30]　職権による換価の猶予における「職権」とは……………191
　[31]　職権による換価の猶予における猶予期間の延長…………194
　[32]　職権による換価の猶予の取消し……………………………196

第4章　猶予に伴う担保

- [33] 担保の提供が必要となる場合·················200
- [34] 担保の種類とその選定·······················203
- [35] 担保の提供手続等···························207
  - （担保提供書）·······························217
  - （抵当権設定登記承諾書）·················217
  - （納税保証書）·······························218
- [36] 物上保証人への意思確認···················219
- [37] 担保財産からの徴収（担保の処分）·····221
- [38] 納税保証人からの徴収·····················223
  - （納付通知書）·······························226
  - （納付催告書）·······························226

第5章　滞納処分の停止

- [39] 滞納処分の停止の概要·····················228
- [40] 滞納処分の停止の具体的な要件···········230
- [41] 滞納処分の停止における申請の可否·····234
- [42] 停止事案における税務署等の処理手続···236
- [43] 滞納処分の一部停止·······················238
- [44] 滞納処分の停止の効果·····················240
- [45] 納税義務の消滅の特例（停止即消滅）···244
- [46] 停止期間中における事後調査（監査）···246
- [47] 滞納処分の停止の取消し···················248

第6章　納税緩和制度におけるその他留意事項

- [48] 納税の猶予等と延滞税·····················256
- [49] 納税の猶予等の場合の延滞税の免除·····259
- [50] 猶予と時効の完成猶予及び更新···········263

第7章　地方税における納税緩和制度

- [51] 地方税における納税の緩和制度···········268

参考　《地方税法における猶予制度の概要》……………………270
　［52］　地方税、国税における猶予制度との相違点………………272
　［53］　地方税における「滞納処分の停止」………………………275
索引……………………………………………………………………277

第1章

納税緩和制度の概要

第1章　納税緩和制度の概要

[1]　納税の緩和制度とは

納税者が災害等を起因として、国税の納付が困難に至った場合、一定の要件の下、納税を緩和する制度があると聞いていますが、この納税に関する緩和制度ついて説明して下さい。

納税者は、その納付すべき税額が確定した国税を納期限までに納付し、納税義務を消滅させることが要求されます。しかしながら、納税者の個別、具体的な事情等により、納付を強制することが適当でない場合に、一定の要件に基づき、国税の納付又は徴収を緩和して弾力的な徴税に資するとともに納税者の保護を図る措置が採られています。この措置を「**納税の緩和制度**」といいます。

解説

1　国税における納税の緩和制度

国税の納付には、税目ごとに納付すべき期限としての「納期限」が付されています。この納期限は、一面において納税者の期限の利益を与えるとともに、その反面、その期限の徒過をもって督促以降の手続を開始せしめる起点にもなります。また、この納期限のうちでも「法定納期限」は、延滞税の計算期間の起算日となり、徴収権の時効の起算日を定める基準日となること等の意義を持っています。

税法は、納期限のもつこのような意義にかんがみ、特殊な場合にはそれぞれの理由に基づき、次の2に掲げるような納税の緩和制度により納期限の効果を緩和する措置を講じています。

2　納税の緩和制度の種類

納税の緩和制度としては、例えば次のようなものがあります。

○ 納期限の延長
　・災害等による期限の延長（通11）
　・消費税等についての納期限の延長（消51等）
　・法人税についての納期限延長（法75等）

○ 延納
　・所得税の延納（所131、132）
　・相続税又は贈与税の延納（相38①、③）

○ 納税の猶予
　・災害等により相当な損失をうけた場合の猶予（通46①）
　・災害、病気、事業の廃止等の場合の猶予（通46②）
　・納付すべき税額の確定が遅延した場合の猶予（通46③）
　・移転価格に関する相互協議に係る納税の猶予（措66の4の2）

○ 納税猶予
　・国外転出をする場合の譲渡所得等の特例の適用がある場合の納税の猶予（所137の2）
　・贈与等により非居住者に資産が移転した場合の譲渡所得等の特例の適用がある場合の納税猶予（所137の3）
　・農地等についての相続税・贈与税の納税猶予（措70の6、70の4）
　・山林についての相続税の納税猶予（措70の6の6）
　・特定の美術品についての相続税の納税猶予（措70の6の7）
　・個人の事業用資産についての相続税又は贈与税の納税猶予（措70の6の10、70の6の8）
　・非上場株式等についての相続税及び贈与税の納税猶予（措70の7の2、70の7）
　・医療法人の持分についての相続税又は贈与税の納税猶予（措70の7の12、70の7の9）
　・国外転出をする場合の譲渡所得等の特例等の適用がある場合の納

第1章　納税緩和制度の概要

　　　　　税猶予（所137の2）
　　　　・贈与等により非居住者に資産が移転した場合の譲渡所得等の特例
　　　　　の適用がある場合の納税猶予（所137の3）
　○ 換価の猶予
　　　　…・職権による換価の猶予（徴151①）
　　　　・申請による換価の猶予（徴151の2）
　○ 滞納処分の停止 　（徴153）
　○ 徴収の猶予
　　　　…・行政処分を求めるための徴収の猶予（通23⑤5、所118、133⑤、
　　　　　相40①、42㉜等）
　　　　・不服申立ての場合の徴収の猶予（通105②④⑥）
　○ その他の緩和制度
　　　　…・源泉徴収の猶予（災3②等）
　　　　・滞納処分の続行の停止又は中止（通105②④⑥、行訴25②）

2　本稿で取り上げる納税緩和制度とは

　国税をその納期限までに納付していない場合には、納付する日までの日数に応じ延滞税が課されるほか、督促状の発付された後においてもなお納付がされない場合には、財産の差押えなどの滞納処分を受けることがあります。

　しかしながら、自然災害等その他諸事情により国税を一時に納付することが困難な理由がある場合には、税務署長及び国税局長（以下「税務署長等」といいます。）に申請すること等により、期限内の納付、財産の換価（売却）や差押えなどの猶予が認められる場合があります。

　本稿では、上記1における措置法等に定める納税猶予や相続・贈与税の延納の制度とは別に、国税の納付及び徴収に関して、地震、風水害などの自然災害等の原因により納付困難、事業・生活維持困難により一時納付困難となった場合に適用される、「納税の猶予」、「換価の猶予」及び「滞納処分の停止」について解説します。

| 納税の緩和制度 | ‥・「災害等による期限の延長」（通11）
・「納税の猶予」（通46）
・「換価の猶予」（職権による換価の猶予（徴151）、申請による換価の猶予（徴151の2））
・「滞納処分の停止」（徴153）

第1章　納税緩和制度の概要

参考　納税の緩和制度一覧表（抄）

区分	対象税目	要件	申請の要否	緩和期間	担保	利子税・延滞税
納期限の延長	全ての国税	災害などを受けた場合（通11）	否（通令3①②） 要（通令3③）	2月以内	否	利子税及び延滞税全額免除
	消費税等	期限内申告書を提出した場合（消51、酒30の6、た22、石18等）	要	税目により1月ないし3月以内	要	利子税年7.3%
延納	所得税	確定申告期限までに2分の1以上を納付（所131①）	要	3月16日から5月31日	否	利子税年7.3%
		延払条件付譲渡の税額（山林・譲渡）が2分の1を超え、かつ、30万円を超える場合（所132①）	要	5年以内	要	
	相続税	確定税額が10万円を超え、金銭で納付が困難な場合（相38①、措70の10等）	要	5年又は不動産等の割合により10年・15年・20年（40年）	要	利子税原則年6.6%
	贈与税	確定税額が10万円を超え、金銭で納付が困難な場合（相38③）	要	5年以内	要	利子税年6.6%
納税の猶予	全ての国税	災害による相当な損失の場合（通46①）	要	1年以内	否	延滞税全額免除
		災害・疾病・廃業等の場合（通46②）	要	1年以内（1年の延長可能）	要	延滞税1/2免除
		課税が遅延した場合（通46③）	要	1年以内（1年の延長可能）	要	延滞税1/2免除
納税猶予	相続税	農地等に係る納税猶予の場合（措70の6①）	要	相続人の死亡の日・20年・転用等の日から2月以内のいずれか早い日	要	利子税年6.6%
	贈与税	農地等に係る納税猶予の場合（措70の4①）	要	贈与者の死亡の日・転用等の日から2月以内のいずれか早い日	要	利子税年6.6%
換価の猶予	滞納中の全ての国税	事業の継続又は生活の維持が困難な場合で徴収上有利な場合（徴151①）	否	1年以内（1年の延長可能）	要	延滞税1/2免除
		一時納付が事業の継続又は生活の維持を困難にするおそれがある場合（徴151の2）	要			
徴収の猶予等	不服申立て中の国税	再調査審理庁又は国税不服審判所長が必要と認めた場合（通105②④⑥）	要	決定又は裁決までの間	否	延滞税1/2免除
滞納処分の停止	滞納中の全ての国税	無財産・生活が著しく困窮・滞納者及び財産がともに不明の場合（徴153①）	否	3年	否	延滞税全額免除

（注）　上記「利子税・延滞税」欄における利子税等の割合については、後述参考資料「利子税等の割合の特例制度」を参照。

（出典：「図解　国税通則法」大蔵財務協会、2023）

［２］ 納税の猶予制度としての「納期限の延長」〜災害等による期限の延長

災害の多い我が国ですが、令和6年1月1日、能登半島を中心に地震が発生しました。

この地震発生に伴い、国税庁の告示が発出されたようですが、これはどのようなものですか。

国税庁は、令和6年1月12日、能登半島地震の発生を踏まえ、石川県、富山県を対象に国税に関する申告や申請、納付等の期限を延長する告示「石川県及び富山県における国税に関する申告期限等の延長について」を発出しました（国税庁告示1号）。

これは、国税通則法施行令第3条第1項に基づく、いわゆる地域指定による申告期限の延長措置ですが、令和6年1月1日以降に期限が到来した国税が対象となります。

```
災害等による期限の延長（通11）┬┈ 地域指定（通令3①）
                              ├┈ 対象者指定（通令3②）
                              └┈ 個別指定（通令3③）
```

解説

1 災害等による期限の延長の要件等

災害その他やむを得ない理由*により各税法に基づく申告、申請、請求、届出その他書類の提出、納付又は徴収に関する期限までに、その書類の提出や納付ができない場合、その理由がやんだ日*から2月以内に限り、これらの期限を延長することができます（通11）。

この延長をする必要が生じた場合には、①その理由が都道府県の全部又は一部にわたるときには、国税庁長官が職権で地域及び期間を指定し（通令3

第1章　納税緩和制度の概要

①、**地域指定**)、②電子申告その他の特定の税目に係る申告等をすることができないと認める者が多数に上がるときは、国税庁長官は職権でその対象者の範囲及び延長する期日を指定し（通令3②、**対象者指定**）、また、③その理由が個別の納税者にあるときには、納税者の申請により、税務署長などが納税者ごとに期日を指定し（通令3③、**個別指定**）期限を延長することができます。

> 「災害その他やむを得ない理由」とは
> 　「災害その他やむを得ない理由」とは、国税に関する法令に基づく申告、申請、請求、届出、その他書類の提出、納付又は徴収に関する行為（以下「申告等」といいます。）の不能に直接因果関係を有するおおむね次に掲げる事実をいい、これらの事実に基因して資金不足を生じたため、納付ができない場合は含まれません（通基通11-1）。
> ①地震、暴風、豪雨、豪雪、津波、落雷、地すべりその他の自然現象の異変による災害
> ②火災、火薬類の爆発、ガス爆発、交通途絶その他の人為による異常な災害
> ③申告等をする者の重傷病、申告等に用いる電子情報処理組織（情報通信技術を活用した行政の推進等に関する法律第6条第1項《電子情報処理組織による申請》に規定する電子情報処理組織をいう。）で国税庁が運用するものの期限間際の使用不能その他の自己の責めに帰さないやむを得ない事実

参考　「災害その他やむを得ない理由」に関する判決等
- 　交通途絶等客観的にその申告ができない理由をいい、例えば、譲渡財産が未分割の相続財産であるため、その法定申告期限までにその者に帰属すべき部分が確定しなかったというような主観的な理由は、これに当たらない（国税不服審判所裁決昭和55.4.24）。
- 　納税者の身体が拘束され、帳簿書類が押収されても、それだけでは直ちにこれに該当しない（最高判昭和60.2.27）。

> 「理由のやんだ日」とは
> 　「理由のやんだ日」とは、災害の場合、災害が引き続いて発生するおそれがなくなり、申告、申請、納付等の行為をするのに差支えがないと認められる程度の状態に復した日をいいます。この判定は、指定地域の場合は、被災地を所轄する国税局長の意見を徴して国税庁長官

が、個別指定の場合は、税務署長がそれぞれ被災地域を指定し一律に行うか又は個別に行うことになっています。

2 延長の対象となる期限

国税通則法第11条の規定により延長される期限は、国税に関する法律に基づく申告、申請、請求、届出その他書類の提出、納付又は徴収に関する期限です。したがって、国税通則法第10条第2項の（期限の特例）の「国税に関する法律に定める…期限」と異なり、国税に関する法令に基づく行政処分により定められた期限も含まれますが（通基通11－2）、次に掲げる期限については、国税通則法第11条の適用はありません。

① 出国等に関し時を持って定める期限

② 国税の申告等に関する期限以外の期限

3 地域指定、対象者指定及び個別指定

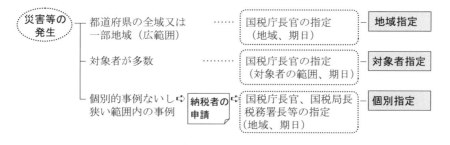

4　地域指定又は対象者指定後の個別指定

国税通則法施行令第3条第1項《地域指定》又は第2項《対象者指定》の規定により期限を延長した場合において、その指定期日においても、なお申告等ができないと認められるときは、災害その他やむを得ない理由のやんだ日から2月を限度として、同条第3項《個別指定》の規定によりその期限を再延長することができます（通基通11－3）。

5　災害等による期限の延長と納税に猶予との関係

国税通則法第11条により、災害その他やむを得ない理由のやんだ日から2か月以内に期限の延長が認められ、その後、同法第46条第1項の「災害により財産に相当な損失を受けた場合の納税の猶予」を行うことができます。

また、その猶予期間内に納付できなかった場合には、同法第46条第2項の「災害等により納付困難となった場合の納税の猶予」を受けることができます。

《図示》　災害等による期限の延長（通11）と納税の猶予（通46等）

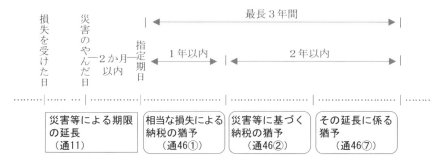

☞「猶予期間の延長」52頁参照

国税通則法第11条に定める納期限の延長〜「令和6年能登半島地震」

令和6年能登半島地震における「納期限の延長」

1 申告期限等を延長する国税庁告示

　国税庁は、令和6年1月12日、能登半島地震の発生を踏まえ、石川県、富山県を対象に国税に関する申告や申請、納付等の期限を延長する告示「石川県及び富山県における国税に関する申告期限等の延長について」を発出しました（国税庁告示1号）。これは国税通則法施行令第3条第1項に基づく、いわゆる地域指定による申告期限の延長措置ですが、令和6年1月1日以降に期限が到来した国税が対象となります。

　この告示では、石川県及び富山県の両県の全域を地域指定して、国税に関する申告や申請、請求、届出その他書類の提出、納付又は徴収に関する期限について、令和6年1月1日以降に到来するものは別途国税庁の告示で定める期限まで延長します。この延長する期日は震災からの復旧の状況を踏まえて、後日改めて告示されることになります。

　また、地域指定されていない新潟県などでも、その所轄税務署長が、今回の地震災害により、申告、申請、納付等をその期限までに行うことができないと認めるときは、納税者の申請に基づいて、期日を指定して期限の延長を行います（国税通則法施行令第3条第3項）。

　これは、自動的に申告等の期限が延長される石川県や富山県の納税者と異なり、所轄税務署長に申請し、その承認を受けることにより、その理由のやんだ日から2か月以内の範囲内でその期限の延長を受けられます（個別指定）。

富山県及び石川県における国税に関する申告期限等を延長する件

国税庁告示第1号

　国税通則法施行令（昭和37年政令第135号）第3条第1項の規定に基づき、国税に関する法律に基づく申告、申請、請求、届出その他書類の提出、納付又は徴収に関する期限のうち、次に掲げる地域に国税の納税地を有する者に係るもの（その者の納付すべき国税に係る期限については、当該国税の納税地が当該地域にあるものに限る。）で、その期限が令和6年1月1日以降に到来するものについては、その期限を別途国税庁告示で定める期日まで延長する。

　令和6年1月12日

　　　　　　　　　　　　　　　　　　　　　　　　　国税庁長官　住澤　整

指　定　地　域
富山県、石川県

第1章　納税緩和制度の概要

2　申告期限等を指定する告示

　次に、同年6月14日の国税庁告示第13号により、先の指定地域のうち石川県七尾市、輪島市、珠洲市、羽咋郡志賀町、鳳珠郡穴水町及び鳳珠郡能登町を除いた地域に納税地のある方に係る当該申告・納付等の延長期限の期日について、「その期限が令和6年1月1日から令和6年7月30日までの間に到来するものについて、令和6年7月31日とする。」旨の告示がなされました。

　なお、この期日以降においても、能登半島地震による災害等により申告・納付等ができない方については、所轄税務署長に対して個別に申請することにより、申告・納付等の期限の延長を受けることができます。

富山県及び石川県の一部の地域における国税に関する申告期限等を指定する件

国税庁告示第13号

国税通則法施行令（昭和37年政令第135号）第3条第1項の規定に基づき、富山県及び石川県における国税に関する申告期限等を延長する件（令和6年国税庁告示第1号）において別途国税庁告示で定めることとされている期日のうち、次に掲げる地域に国税の納税地を有する者に係るものについては、その期限が令和6年1月1日から令和6年7月30日までの間に到来するものについて、令和6年7月31日とする。

令和6年6月14日

　　　　　　　　　　　　　　　　　　　　　　　　　　　国税庁長官　住澤　整

都道府県名	地域
富山県	富山県
石川県	金沢市、小松市、加賀市、羽咋市、かほく市、白山市、能美市、野々市市、能美郡川北町、河北郡津幡町、河北郡内灘町、羽咋郡宝達志水町、鹿島郡中能登町

〈能登半島地震に係る災害発生と指定期限〉

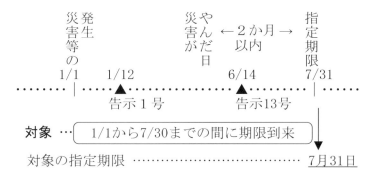

［3］ 納税の猶予、換価の猶予及び滞納処分の停止制度の概要

国税の納付及び徴収に関する緩和制度としての納税の猶予、換価の猶予及び滞納処分の停止があると聞いていますが、これらはどのような制度ですか。

納期限内の納付及び納期限後の徴収に関する緩和制度として、国税通則法に定める「納税の猶予」と国税徴収法に規定する「換価の猶予」及び「滞納処分の停止」などがあります。

これらの制度の特色等については、解説で詳述します。

|納税の猶予|…災害等による相当な損失に係る納税の猶予（通46①）　⇨　国税通則法
　　　　　　一般的な納税の猶予（通46②、③）
|換価の猶予|…職権による換価の猶予（徴151）
　　　　　　職権による換価の猶予（徴151の2）　　　　　　　⇨　国税徴収法
|滞納処分の停止|（徴153）

|解説|
1　各制度の概要

本稿で取り上げる「納税の猶予」、「換価の猶予」及び「滞納処分の停止」の概要は、次のとおりです。

(1) 納税の猶予

国税通則法第46条に規定している「納税の猶予」とは、納税者が災害、病気、事業の廃止等があってこと等の事由により、国税を金銭で一時に納付することができないと認められる場合にその納税を猶予するものです。

☞　32頁参照

(2) 換価の猶予

　国税徴収法第151条及び第151条の2に規定している「換価の猶予」とは、納期限内に納付できなかった滞納者について、滞納者の財産の差押えや差押財産の換価を直ちにすることにより、その事業の維持若しくは生活の維持を困難とするおそれがあるとき等に、その差押えや換価の執行を猶予するものです。

☞　134頁参照

(3) 滞納処分の停止

　国税徴収法第153条に規定している「滞納処分の停止」は、滞納者につき、滞納処分を執行することによってその生活を著しく窮迫させるおそれがあるとき等において、滞納処分により財産を換価すること又は一定の財産を差押えすることを猶予（停止）するものです。

☞　228頁参照

2　納税の猶予、換価の猶予及び滞納処分の停止の関係性

　上記の1の納税の緩和制度は、いずれも納税者の災害、事業の休廃止、課税手続の遅延、生活維持・事業継続のために一時納付困難、生活困窮等といった納税者の<u>個別的な事情に応じて徴収手続を緩和</u>する制度です。これら各制度の創設の趣旨、その要件、手続及びその効果等において、これらの制度相互間に次のような特徴が見られます。

(1) 適用の開始時期等の視点

　「換価の猶予」と「滞納処分の停止」は、納期限経過後の「滞納」という状況において、いわば純粋に徴収手続上の規定であって、一定の要件の下に、執行機関たる税務官庁（税務署長等）の徴収上の執行手続の続行を緩和ないし停止せしめようとするものです。

　一方、「納税の猶予」は、このような性格を含みながらも、なお別に、

債権者(国)機関たる税務官庁において、一定の要件の下にその執行の開始ないし続行を自制せしめようとする実体法上の規制としての性格を併せ持ちます。

このように考えるならば、「換価の猶予」と「滞納処分の停止」が一般に滞納処分手続の既に進行していることを前提とするものであるのに対し、「納税の猶予」がこのことを必ずしも前提とせず、納期限前から滞納処分着手以前においても行われます。

(2) 申請手続上の相違点

各制度の適用を受けるために、「納税の猶予」においては、納税者の申請行為を必要とするのに対し、「換価の猶予」は税務署長等の職権による(徴151)ほか納税者の申請に基づき(徴151の2)することができる点、また、「滞納処分の停止」については税務署長等の職権によってのみ行われるなど、各制度の適用を受けるための手続がそれぞれ異なります。

このような申請、職権の区分が設けられたのは、納税の猶予にあっては、納税者の申請をまたなければ猶予すべきか否かの納税者個々の該当要件の事実の有無等を税務署長等が知ることができないのに対し、換価の猶予及び滞納処分の停止においては、税務署長等の滞納者への滞納処分の執行過程において十分に要件事実を知り得る状態においてその判定することができるか否かにあります。

また、「申請による換価の猶予」は、換価の猶予の一形態として、滞納の早期の段階での計画的な納付の履行を確保する観点を考慮して、納税者からの早期に対応できるよう申請ベースの猶予制度を設けています。

| 申請ベース | … | 納税の猶予（通46①、46②、46③）、申請による換価の猶予（徴151の2） |
| 職権ベース | … | 職権による換価の猶予（徴151）、滞納処分の停止（徴153） |

(3) 租税債務の履行と消滅

　「納税の猶予」及び「換価の猶予」は、その猶予税額をその猶予期限内に分割して納付して租税債務を完納することを基本とする制度ですが、「滞納処分の停止」は、その停止期間が3年間継続したときは、租税債務自体を消滅させるというものです。

「納税の猶予」及び「換価の猶予」　⇨　分割納付　⇨　完納
「滞納処分の停止」　⇨　停止後3年経過　⇨　消滅

(4) 適用する法規

　各税に共通する納税の緩和制度のうち、「換価の猶予」及び「滞納処分の停止」は、本来、滞納処分の執行手続の段階で行われるため、国税徴収法に規定され、また「納税の猶予」は、滞納処分着手以前の段階で行われることあることから国税通則法に規定されています。このように適用法規が異なります。

| 国税通則法 | … 「納税の猶予」 |
| 国税徴収法 | … 「換価の猶予」、「滞納処分の停止」 |

参考 猶予制度の沿革等

❖ 猶予制度の考え方（沿革等）

　納税に関する猶予制度は、一般的な強制執行上からみれば、いうまでもなく納税者の保護思想の制度的表現ですが、租税が持つ本来の意義に着目すれば、租税徴収の確保による財政基盤の確保が福祉国家形成の基盤であり、それへの寄与することにおいてその評価がされるべきであると考えるならば、租税徴収確保のため国民たる納税者の生活保障をそこなう結果を招くことは、ある意味では、無益にして有害な執行と言わなければならないでしょう。

　それゆえ、国税に関する猶予制度については、このような観点からの考察を踏まえ、もとより、他面租税徴収における負担の公平の維持もゆるがせない要素を持つから、結局、猶予制度は、これら両者の要請の衡量の上に立って、構成されています。

　よって、この猶予制度をいかに構成し、その要件等をいかに規定するかは、福祉国家の理念や社会経済情勢の推移に応じた対応が必要となることでしょう。

❖ 平成26年度税制改正による納税緩和制度の整備

　平成26年度税制改正において、納税環境の整備を図る観点から、納税緩和制度としての国税通則法第46条の「納税の猶予」及び国税徴収法第151条の「換価の猶予」について、所要の見直しを行う等の措置が講じられ、平成27年4月より施行されています。

　また、この改正により、早期かつ的確な納税の履行を確保する観点から、新たに、原則として毎月分割納付することを条件として納税者の申請に基づいた換価の猶予（徴151の2）の制度が創設された点に大きな特徴があります。

　国税庁は、このような改正を踏まえ、平成27年4月、「納税の猶予等の取扱要領の制定について（事務運営指針）」（猶予取扱要領）を公表し、平成26年度の税制改正における猶予制度の見直しに伴う、平成27年4月1日以降の納税の猶予等の処理に当たっての基本的な考え方、処理方法等を定めています。

❖ 新型コロナウイルス感染症等による納税の猶予の特例

　新型コロナウイルス感染症等の我が国の社会経済に与える影響は甚大なものがあり、その拡大防止のための措置に起因して多くの事業者の収入が減少しているという厳しい状況を踏まえ、緊急経済対策にお

第1章　納税緩和制度の概要

いて緊急に必要な税制上の措置として、次に掲げるような納税の猶予の特例措置が講じられました。

> **納税の猶予の特例**
>
> 　税務署長等は、新型コロナウイルス感染症等及びその蔓延防止のための措置の影響により令和2年2月1日以後に納税者の事業につき相当な収入の減少があったことその他これに類する事実がある場合において、納期限が到来する国税を一時に納付することが困難であると認められるときは、納期限までされたその者の申請に基づき、その納期限から1年以内の期間に限り、その納税を無担保かつ延滞税なしで猶予することができる特例措置が講じられました。
>
> 　　　　　（担保不要）（延滞税なし）

［4］ 各猶予制度の特徴とその選択

 納税に関する各猶予制度の特徴を踏まえ、どのような選択・活用が図られますか。

 各猶予制度の選択に当たっては、各制度の特徴を踏まえ、その要件、猶予該当事実に応じて、これらの状況に適した猶予制度を選択します。例えば、納期限内の一括納付が困難な状況において、猶予期間内の分割納付を前提に、納税者からの申請により行われるものとして①納税の猶予、②申請による換価の猶予、また、税務署長等の職権により行われる③職権による換価の猶予あります。また、滞納者の生活困窮な状況に至っては、納税義務の消滅を前提に、職権により行われる④滞納処分の停止があります。

このように申請を前提にする場合、その<u>申請期限</u>には、特に留意する必要があります。

よって、このような猶予該当事実に即した、またその効果を踏まえてより積極的な制度の活用が望まれます。

❖ 要件、猶予該当事実に応じて

主な選択要因 猶予該当事実 ・相当な損失による災害等（通46①）

・災害等（通46②）

・課税手続遅延（通46③）

・生活維持、事業継続困難（徴151、151の2）

・無財産、生活困窮（徴153）

猶予申請の有無 申請 or 職権

第1章　納税緩和制度の概要

❖　申請・職権

```
申請による猶予制度 ┄┄ 納税の猶予（通46）              申請
                  ┊
                  ┄┄ 申請による換価の猶予（徴151の2）
職権による猶予制度 ┄┄ 職権による換価の猶予（徴151）    職権
                  ┊
                  ┄┄ 滞納処分の停止（徴153）
```

解説

1　猶予該当事実等による各制度の選択

　納税者においても各猶予制度の適用要件、特徴をよく理解し、猶予該当事実の発生に応じた、時宜に応じた各制度の選択、対応が必要となります。例えば、自然災害、病気等、事業の休廃止等の事実に起因する国税通則法上の「納税の猶予」と、滞納者の事業継続・生活維持困難を理由とする国税徴収法上の「換価の猶予」とか、当該猶予該当事案が発生時期及びどのような要因において納付困難な状況に陥っているかによって、その選択、適用できる猶予制度も異なります。

◇　災害、病気、事業の休廃止等の猶予該当事実（発生）⇨ 納税の猶予 （通46①、46②、46③）

◇　事業、生活維持困難を事由（状態）⇨ 換価の猶予 （徴151、151の2）

◇　無財産、生活困窮、所在不明（結果）⇨ 滞納処分の停止 （徴153）

《要因別イメージ》

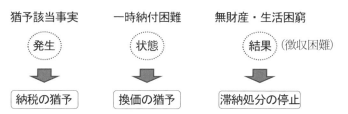

2　申請ベースと職権ベースによる対応

猶予制度には、その猶予制度の適用を受けるに当たり、適用を受けるため主体はどちらにあるかにより、次にように納税者からの①申請ベース、税務署長等の②職権ベースで行われるものがあります。

例えば、申請ベースの猶予制度の「納税の猶予」、「申請による換価の猶予」については、納税者における猶予該当事実の発生（把握）に伴い納税者自らの主体的・積極的な申請行為によって行われます。

一方、「職権による換価の猶予」、「滞納処分の停止」においては、生活の維持、事業の継続困難の状況や生活困窮といった猶予要件事実の把握、猶予の適否の判断について、税務署長等の判断、裁量に委ねることになります。よって、納税者側からできることとすれば、各猶予制度の該当事実の発生を把握、積極的に税務署長等の担当者に説明、事情を申し述べて、滞納者の個別事情等を把握して猶予及び停止を行ってもらう必要があります。

| 申請ベース | … | 納税の猶予（通46①、46②、46③）、申請による換価の猶予（徴151の2） |
| 職権ベース | … | 職権による換価の猶予（徴151）、滞納処分の停止（徴153） |

＜滞納者の個別事情の説明・申し述べを！＞

3　猶予制度の選択、活用に当たっての留意事項

(1) 申請に基づく猶予制度

納税の緩和制度において納税者自らの「申請」を要するものについては、各猶予制度の該当要件事実の発生の把握、どのような該当事実がいずれの猶予適用要件となるのかを、納税者自らが主体的・主導的に把握等により申請を行う必要があります。

また、この申請を要する猶予には、「申請期限」が付されており、それぞれの猶予制度において異なることがあることから、その申請期限内の申請を行うべきであり、期限内に申請がなされなかった場合には、その申請

第1章　納税緩和制度の概要

行為に対し「不許可」となることから、その「申請期限」には、特に留意する必要があります。

なお、納期限経過後は、延滞税が課されることから、該当事由が生じた場合は、申請期限内にできるだけ早期に申請することが望まれます。

➤ 猶予該当事実を証する関係書類の提出、分割納付計画及び資金繰表等の提出、担保の提供等の積極的な姿勢、協力が必要でしょう。

申請書等の早期提出準備 and 早期提出

〈納税の猶予〉国税通則法第46条

〈申請による換価の猶予〉国税徴収法第151の2

(2) 職権による猶予制度

税務署長等の職権により行われるものに、猶予期間内の分割納付による履行を前提にする「職権による換価の猶予」（徴151）と納税義務の消滅を前提にする「滞納処分の停止」（徴153）があります。

例えば、申請による換価の猶予の要件に該当していても、その申請期限

（6月以内）を徒過した場合その適用ができないことから、「**職権による換価の猶予**」をその職権で認めてもらう必要があります。しかしながら、「職権による換価の猶予」においては、猶予該当要件の事実が発生した場合の適否の判断は、税務署長等の職権により行われることから、滞納者自らがその猶予該当事実を証する関係書類及び分割納付計画書の提出により、税務署長等に説明、申し述べを行い、その猶予を求める必要があります。滞納者からの申立てなくして税務署長等に自ら猶予を期待するのは難しいのが実態でしょう。

　また、「**滞納処分の停止**」については、滞納処分の執行の過程において税務署長等の職権により行われるとしても、滞納者の生活事情及び事業活動の変化等により、無財産、生活困窮、所在不明等の停止該当事実、その事情に至った現状を直ちに、知り得る状況にもないことから、滞納者自ら、停止該当事由及びそれに至った要因を、例えば生活困窮の状況、収入、支出等を、税務当局に積極的に申し述べて、徴収職員の停止の判断、検討のための資料を提出するなどの積極的な対応が必要となります。

　以上のことから、「職権」ベースにより行われるものについても、税務署長等の猶予処分を待つだけではなく、滞納者からのより積極的な対応が望まれます。

第1章　納税緩和制度の概要

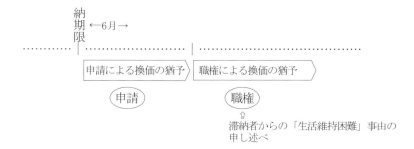

第2章

納税の猶予制度

第1節　納税の猶予制度の概要

［5］　納税の猶予制度の概要

　国税通則法に定める「納税の猶予」とは、どのような場合に認められる制度ですか。

　「納税の猶予」とは、災害、病気、事業の休廃業などによって国税を一時に納付することができないと認められる場合や、本来の期限から1年以上経って納付すべき税額が確定した国税を一時に納付することができない理由があると認められる場合に、申請に基づいて納税が猶予される制度です。この納税の猶予は、国税通則法第46条に規定していますが、次のように区分することができます。

```
納税の猶予 ─┬─ 災害により相当な損失を受けた場合の納税の猶予
            │    （相当な損失による納税の猶予、通46①）
            └─ 一般的な納税の猶予 ┬─ 災害等に基づく納税の猶予
                                  │    （通46②）
                                  └─ 確定手続の遅延に基づく納税の猶予
                                       （通46③）
```

|解説|

1　「納税の猶予」とは

　国税債権が確定した後は、納税者は当該国税を納期限まで納付し、納税義務を消滅させることが要求されます。この納期限は、納税者に期限の利益を与えるとともに、納期限の徒過により、①強制徴収手続の開始の起点、②延滞税の計算期間の起算日、及び③徴収権の時効の起算日となります。

ところで、国税に関する法律は、このような納期限の持つ重要な意義に鑑みるとともに、特殊な場合に、それぞれの理由に基づいて納税を緩和する措置（納税緩和制度）を講じており、その一つとして、国税通則法第46条に定める「納税の猶予」制度があります。

2 納税の猶予の種類とその概要

国税通則法第46条第1項から第3項までに規定する納税の猶予は、次のように区分することができます。

(1) 相当な損失による納税の猶予（通46①）

国税通則法第46条第1項により、震災、風水害等の災害により納税者がその財産につき相当な損失を受けた場合は、被災者の納期未到来の国税について、納税者の申請に基づき、税務署長等は、被害にあった財産の損失の状況及び当該財産の種類を勘案して期間を定めて納税を猶予することができます（以下「**相当な損失による納税の猶予**」といいます。）。

(2) 一般的な納税の猶予（通46②③）

国税通則法第46条第2項及び第3項により、震災、風水害、事業の休廃止又は確定手続の遅延等の理由に基づき、その国税を一時に納付できないと認められるときは、納税者の申請により、期間を定め、納税の猶予をすることができます（以下「**一般的な納税の猶予**」といいます。）。

この一般的な納税の猶予は、次の「**災害等に基づく納税の猶予**」（通46②）と「**確定手続の遅延に基づく納税の猶予**」（通46③）とに区分できます。

ア 災害等に基づく納税の猶予

国税通則法第46条第2項により、納税者が次に掲げる事実により、国税を一時に納付できないと認められるときに、その納付することができないと認められる金額を限度として、その国税の納期限内にされたその

者の申請に基づき、その納期限から１年以内の期間を限り、その納税を猶予することができます（通46②）。

　　　① 災害・盗難、病気等の事実に基づき、国税を一時に納付できないと認められるとき（通46②一・二・五号）
　　　② 事業の休廃止、事業の損失等により、国税を一時に納付することができないと認められるとき（通46②三・四・五号）

　イ　確定手続の遅延に基づく納税の猶予

　　国税通則法第46条第３項により、法定申告期限から１年を経過した日以後、修正申告、更正・決定等により納付すべき税額が確定した場合において、その国税を一時に納付することができない理由があると認めるときは、その納付することができないと認められる金額を限度として、その国税の納期限内にされたその者の申請に基づき、その納期限から１年以内の期間を限り、その納税を猶予することができます（通46③）。

3　「相当な損失による納税の猶予」と「一般的な納税の猶予」との相違点

　「相当な損失による納税の猶予」（通46①）とは、震災、風水害、落雷、火災等の災害により、納税者がその財産につき相当な損失を受けた場合には、納期未到来の国税につき被害のあった財産の損失の状況及び当該財産の種類を勘案して、個々の納税者の納付能力を個別的に調査することなく、期間を定め納税の猶予が行われます（通46①）。

　一方、「一般的な納税の猶予」（通46②③）は、災害、盗難、病気等の該当事実に基づき国税の一時に納付が困難であることが要件とされることから、その個別的な調査の上猶予を認めることになります。

　この点が、両者の制度の主要な相違点となっています。

　　震災等により財産に相当な損失 （発生） ⟷ 震災等の該当事実に基づき （原因）
　　（一時納付困難を理由としていない。）　　　　一時納付困難

猶予制度の沿革

　国税通則法第46条には、国税通則法制定前の災害減免法第9条の規定による猶予制度を承継した「被災者の納期未到来の国税に係る納税の猶予」（「相当な損失による納税の猶予」）と国税通則法制定前の国税徴収法第148条《徴収猶予の要件等》の規定による猶予制度を承継した「一般的な納税猶予」をあわせ規定しています。

　前者の猶予の要件は、国税通則法第46条第1項に規定するところであり、後者の猶予の要件は、同条第2項及び第3項の定めるところです。

国税における猶予制度

	納　税　の　猶　予	換　価　の　猶　予
要件等	**納税者からの申請** **相当な損失による納税の猶予** ①被災者の納期未到来の国税について、災害等により相当の損失を受けたとき（通46①） **災害等に基づく納税の猶予** ②災害・盗難、病気等の事実に基づき、国税を一時に納付できないと認められるとき（通46②一・二・五号） ③事業の休廃止、事業の損失等により、国税を一時に納付することができないと認められるとき（通46②三・四・五号） **確定手続の遅延に基づく納税の猶予** ④確定手続等が遅延した場合で、その国税を一時に納付することができない理由があると認められるとき（通46③）	**税務署長の職権** 　次のいずれかに該当し、かつ、納税について誠実な意思を有していること（徴151） ①　財産の換価を直ちにすることにより、その事業の継続又はその生活の維持を困難にするおそれがあるとき ②　財産の換価を猶予することが、直ちにその換価をすることに比べて、滞納国税及び最近における納付すべきこととなる国税を徴収する上で有利であるとき **納税者からの申請** 　一時に納付することにより事業継続・生活維持困難となるおそれがあり、納税について誠実な意思を有するとき（原則として、他に滞納がある場合は除きます。）（徴151の2）

猶予期間	1年以内 ・上記②～④については、最大2年以内で延長可能 ・上記①については、延長はありませんが、②と併せて最大3年以内で延長が可能（通46⑦）	1年以内 最大2年以内で延長可能（徴152、通46⑦）
担　保	原則必要（上記①は不要） 税額100万円以下又は3月以内の猶予の場合等は担保不要（通46⑤）	原則必要 税額100万円以下又は3月以内の猶予の場合等は担保不要（徴152②）
延滞金	①②の場合：免除 ③④の場合：軽減 　　　令和3年：年1.0% 　　　令和4年：年0.9% 　　　令和5年：年0.9% 　　　令和6年：年0.9%	軽減　令和3年：年1.0% 　　　令和4年：年0.9% 　　　令和5年：年0.9% 　　　令和6年：年0.9%
手続等	・分割納付（①を除く） ・猶予該当事実等の資料提出（提出困難な場合を除く） ・不許可事由・取消事由 ・申請に係る質問検査	・分割納付（原則:毎月の分割納付） ・猶予該当事実等等の資料提出 ・不許可事由・取消事由 ・申請に係る質問検査
効　果	新たな督促、滞納処分（交付要求は除く）の禁止（通48①）	差押財産の換価は不可 ただし、新たな差押え、交付要求を行うことは可能
	納税者の申請に基づき、差押えの解除可能（通48②）	必要があると認めるときは、差押えの猶予又は差押の解除可能（徴152②）
	猶予期間中、上記①②については、延滞税の全額免除、上記③④については、延滞税の一部免除（通63①、措94②）	猶予期間中、延滞税の一部免除（通63①、措94②）
	猶予期間中は、徴収権の時効は進行しない（通73④）	

第2節　災害により相当な損失を受けた場合の納税の猶予

［6］災害により相当な損失を受けた場合の納税の猶予

国税通則法第46条第1項にいう「災害により相当な損失を受けた場合の納税の猶予」とは、どのような場合に適用されますか。

震災、風水害等の災害により納税者がその財産につき相当な損失を受けた場合は、納税者の申請に基づき、税務署長等は、被害にあった財産の損失の状況及び当該財産の種類を勘案して期間を定めて納税を猶予することができます。

```
納税の猶予 ─┬─ 災害により相当な損失を受けた場合の納税の猶予
            │   （相当な損失による納税の猶予）
            └─ 一般的な納税の猶予 …┬… 災害等に基づく納税の猶予
                                    └… 確定手続の遅延に基づく納
                                        税の猶予
```

|解説|

1　被災者の納期未到来の国税に係る納税の猶予

　震災、風水害、落雷、火災等の災害により、納税者がその<u>財産につき相当な損失を受けた場合</u>には、納税者の申請に基づき、税務署長等は、被災者の納期未到来の国税につき被害のあった財産の損失の状況及び当該財産の種類を勘案して、<u>個々の納税者の納付能力を個別に調査することとなく</u>、期間を定めて猶予することができます。このような納税の猶予を「<u>相当な損失による納税の猶予</u>」といいます（通46①）。

　(注)　この「相当な損失による納税の猶予」は、個別的な調査の上猶予を認める

第2章　納税の猶予制度

「一般的な納税の猶予」と性格を異にします。

2　猶予の要件等

震災、風水害、落雷、火災その他これらに類する災害等納税者がその財産につき相当な損失を受けた場合（猶予該当事実）には、税務署長等は、その納税者の次に掲げる国税でその損失を受けた日以後1年以内の納付すべきもの（対象となる国税）につき、その災害のやんだ日から2月以内になされた納税者の申請に基づき、その国税の全部又は一部の納税の猶予することができます（通46①）。

(1) 猶予該当事実

震災、風水害、落雷、火災その他これらに類する災害により、納税者がその財産につき相当な損失を受けたこと（通46①）。

➤ 「その他これらに類する災害」とは、財産の損失に直接因果関係を有するおおむね次のような事実をいいます（通基通46－1）。
  ・ 地すべり、噴火、干害、冷害、海流の激変その他の自然現象の異変による災害
  ・ 火薬類の爆発、ガス爆発、鉱害、天然ガスの採取等による地盤沈下その他の人為による異常な災害
  ・ 病虫害、鳥獣害その他の生物による異常な災害

➤ 「相当な損失」とは、災害による損失の額が納税者の全積極財産の価額に占める割合が、おおむね20％以上の場合をいいます。

この場合、災害により損失を受けた財産が生活の維持又は事業の継続に欠くことのできない重要な財産（住宅、家庭用動産、農地、農作物及び事業用固定資産・たな卸資産）である場合には、上記の損失の割合はその重要な財産の区分ごとに判定しても差し支えないものとします。

なお、損失の額の算定に当たっては、保険金又は損害賠償金その他これに類するものにより補てんされた又は補てんされるべき金額は、上記損失の額から控除します（通基通46－2）。

(2) 対象となる国税

猶予の対象なる国税は、次のとおりです。

> ① 災害のやんだ日以前に納税義務の成立した国税（下図A）（消費税及び政令で定めるものを除きます。）で、その納期限が損失を受けた日以後1年以内に到来するもののうち（下図B）、納税の猶予の申請の日以前に納付すべき税額が確定したもの（下図C）（通46①一）

➤ 「災害のやんだ日」
　災害が引き続き発生するおそれがなくなり、その復旧に着手できる状態となった日をいいます。また、「損失を受けた日」については、災害が数日間にわたるときは、最初に損失を受けた日から損失を受けているとみられなくなる日までの期間のいずれかの日（損失を受けた日）もこれに該当します。

➤ 「災害前にその納税義務が成立している」という要件（下図A）
　これは災害後に成立する国税には、当然災害による損失が反映されているためです。

➤ 「納期限が災害の後でなければならない」とする要件（下図B）
　これは納期限内に納税をした者との権衡を図るためです。
　災害前に納期限の到来している国税は、本来その納期限までに納付することが制度の建前であり、これを徒過して履行遅滞の状態のときに、災害を受け納付困難となった場合には、次で述べる「通常の納税の猶予」が適用されます。

➤ 「納税の猶予を申請する時までに税額が確定している」という要件（下図C）
　申請の性格上、当然納付すべき税額が確定していないと猶予できないためです。

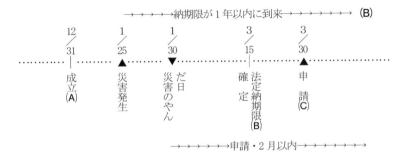

> ② 災害のやんだ日以前に課税期間が経過した課税資産の譲渡等に係る消費税で、その納期限が損失受けた日以後に到来するもののうち、納税の猶予の申請の日以前に納付すべき税額が確定したもの（通46①二）

➤ 災害前にその課税期間が経過しているという要件
①と同様、災害に伴う売上の減少、災害を受けた資産の再調達に伴う仕入控除の増加等、申告額に災害による損失が反映されるためです。

> ③ 予定納税の所得税並びに中間申告の法人税及び消費税で、その納期限が未到来のもの（通46①三）

➤ 国税通則法第46条第1項第3号の「予定納税に係る所得税その他政令で定める国税」は、損失を受けた日の属する年分、事業年度又は課税期間（消費税法第19条《課税期間》に定める課税期間をいいます。）に係るものに限られます（通基通46－3）。

[趣旨] 災害を受けた年分又は事業年度分の所得税、法人税及び消費税は、災害により納付すべき税額がなくなるか、又は前年度に比べてその税額が著しく減少するはずですが、予定納税等の税額は前年又は前事業年度の税額を基準として算定されるため、災害の結果が反映されていないのが通常です。そこで、予定納税等の税額を確定申告期限まで猶予し（通令13②）、確定申告で一挙に調整を図り、それ以前に無用な納税を要求しないこととしているものです。

❖ 被災した被相続人等に係る国税

相当な損失による納税の猶予（徴46①）は、災害により財産に損失を受けた納税者につき、相続、合併、人格のない社団等に属する権利義務の包括承継、信託に係る新たな受託者の就任等があった場合には、その相続人等が納付する承継国税についても適用されます。この場合の損失の割合は、被相続人等につき判定した割合によります（通基通46－4）。

第２節　災害により相当な損失を受けた場合の納税の猶予

(3) 納税者からの申請　　納税の猶予申請書

　納税者は、災害のやんだ日から２月以内に「納税の猶予申請書」を提出します（通46①、46の２①、通令15の２①）。申請手続に関する詳細は、後述**「相当な損失による納税の猶予の申請手続等」**を参照してください。

☞　様式「納税の猶予申請書」54頁参照

(4) 担保の不徴取　　担保不要

　「相当な損失による納税の猶予」（通46①）にあっては、災害等により甚大な被害のあった財産の状況等を勘案し、その猶予金額にかかわらず、担保は不徴取としています（通46⑤）。

☞　「［７］「相当な損失による納税の猶予」の申請手続等」参照

第2章 納税の猶予制度

［7］「相当な損失による納税の猶予」の申請手続等

 災害等の発生により「相当な損失による納税の猶予」の適用を受けるための申請手続、その制度の特徴を説明してください。

 災害等の発生により納税者がその財産につき相当な損失を受けたことに伴う納税の猶予の適用に際し、納税者から災害のやんだ日から2月以内に納税の猶予申請書の提出が必要です。

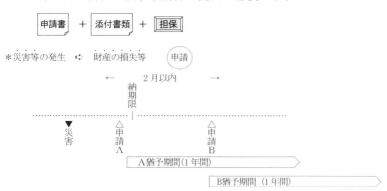

|解説|

1　納税者からの申請

　猶予の申請は、その災害のやんだ日から2月以内に、納税者からの「**納税の猶予申請書**」及び災害などの事実を証する書類（罹災証明等）などの添付書類の提出が必要となります（通46①、46の2①、通令15の2①）。

　　➢　「災害のやんだ日」とは、災害が引き続き発生するおそれがなくなり、その復旧に着手できる状態となった日をいいます。

　　　　　　　　　　　　☞　様式「納税の猶予申請書」54頁参照

2　申請書の記載事項・添付書類

　次の事項を記載した申請書に、「災害によりその者がその財産につき相当

第2節 災害により相当な損失を受けた場合の納税の猶予

な損失を受けたことの事実を証するに足りる書類」を添付して、税務署長等に提出しなければなりません（通46の2①、通令15の2①）。

《申請書の記載事項》

> ① 災害によりその者がその財産につき相当な損失を受けたことの事実の詳細（財産の種類ごとの損失の程度その他の被害の状況を含みます。）
> ② 納付すべき国税の年度、税目、納期限及び金額
> ③ ②の金額のうち、当該猶予を受けようとする金額
> ④ 当該猶予を受けようとする期間

（注） 申請書の「被災の状況」欄については、被災状況が判明するまでに日時を要する場合には、「被災の状況」欄以外の項目を記載の上で提出し、被災の状況については後日提出しても差し支えありません。

《添付書類》

災害などの事実を証する書類…「罹災証明書」等

➤ 「相当な損失による納税の猶予」の添付書類については、一般的な納税の猶予（通46②③）の添付書類としての「財産収支状況書」、「財産目録」、「収支の明細書」及び担保関係書類の添付書類は、その提出を必要とされていません。

《作成・提出方法》

「猶予の申請」に当たっては、e-Taxにより猶予を申請することができます。また、書面で申請書を作成の上、持参又は送付により提出することもできます。

❖ 添付書類につき提出困難な場合の対応

相当な損失による納税の猶予（通46①）、災害等に基づく納税の猶予（通46②、災害、病気等によるものに限ります。）する場合において、その申請者がその添付すべき書類を提出することが困難であると税務署長等が認めるときは、災害等の事情に鑑み納税者の負担軽減を図る等の観点から、添付することを要しないこととされています（通46の2⑤、通令15の2⑦）。

> 「添付すべき書類を提出することが困難である」とは
> 　災害等による帳簿関係書類等の減失、病気等による入院など、納税の猶予又は猶予期間の延長の申請に当たって、納税者の責めに帰することができずやむを得ない理由により添付すべき書類の提出が困難な場合をいいます（通基通46の2－2）。

3　猶予する金額

　税務署長等は、災害による相当な損失の事実があり、猶予の対象となる国税であるときは、納税者の申請した国税の全部又は一部について納税の猶予をすることができます（通46①）。

4　猶予する期間

　猶予期間は、最長1年です（通46①）。

　この猶予期間は、その申請者の財産のうち申請に起因となった災害により被害のあった財産の損失の状況及び当該財産の種類を勘案して、その猶予期間を定めることとしています（通令13①）。

　税務署長等は、納税者の納付能力を個別に調査することなく、被害にあった財産の損失の状況及び財産の種類を勘案して、次表のとおり、1年以内の期間を定めています（通令13①、通基通46－5）。

　また、後述、別表「猶予基準の特例」（48頁参照）のとおり、個々の財産ごとの被災区分に従い、その猶予期間を定めても差し支えない取扱いがなされています（災害被災者に対する租税の軽減免除、納税の猶予等に関する取扱要領3章2節四）。

損　失　の　状　況　等	猶　予　期　間
被害により損失を受けた財産の割合が、納税者の全資産の50％を超える場合（全損）	原則1年
被害により損失を受けた財産の割合が、納税者の20％から50％までの場合（半損）	原則8月

第2節　災害により相当な損失を受けた場合の納税の猶予

猶予の対象となる国税が次に掲げる国税の場合（通令13②） ・予定納税に係る所得税 ・中間申告に係る法人税及び消費税	最長でその国税の確定申告期限まで

　㊟　上記被災額を判定する場合においては、保険金又は損害賠償金等（見舞金等を除きます。）により補てんされた金額があるときは、その補てんされた金額を控除したところによりその損害の額を定めることとしています。

☞　「別表　猶予基準の特例」参照

❖　震災等の災害により納税者がその財産につき相当な損失を受けた場合には、納期未到来の国税につき被害の財産の損失の状況等及び当該財産の種類を勘案して、<u>個々の納税者の納付能力を個別的に調査することなく、期間を定め納税の猶予が行なわれます</u>。この点が個別的な調査の上猶予を認める「通常の納税の猶予」と対比され、両者の制度の主な相違点といえます。

5　猶予期間の延長

　相当な損失による納税の猶予（通46①）について、<u>猶予期間の延長は認められません</u>。この納税の猶予期間内に猶予した金額を納付できないと認められるときは、更に新たな申請書を提出して「一般的な納税の猶予」を受けることができます（通46②）。

☞　後述「［9］猶予期間の延長」52頁参照

6　担保の徴取等

　相当な損失による納税の猶予にあっては、その災害等により相当な損失を受けたことに鑑み猶予を認めることから、<u>その猶予金額のいかんにかかわらず担保の提供は必要ではありません</u>（通46⑤）。

　また、同趣旨から、分割納付ということもありません（通46④）。

（担保不要）

第2章　納税の猶予制度

❖　「相当な損失による納税の猶予」と他の猶予制度との比較

　「相当な損失による納税の猶予」と他の猶予制度とでは、次に掲げるとおり、申請の有無及び担保の要否は、次のように異なります。

各猶予制度		申請の要否	担保の要否
納税の猶予	相当な損失による納税の猶予（通46①）	要	㊎
	災害等に基づく納税の猶予（通46②）		要
	確定手続の遅延に基づく納税の猶予（通46③）		
換価の猶予	職権による換価の猶予	㊎	要
	申請に係る換価の猶予	要	

第2節　災害により相当な損失を受けた場合の納税の猶予

> 災害により財産に相当な損失を受けた場合の納税の猶予について
> （財産に損失を受けた日に納期限が到来していない国税）

　災害により財産に相当な損失を受けた場合には、税務署に申請をすることによって「災害により財産に相当な損失を受けた場合の納税の猶予」（通46①）を受けることができます。

災害により財産に相当な損失を受けた場合の納税の猶予（通46①）	
対象国税	災害のやんだ日以前に納税義務が成立しており、災害により財産に損失を受けた日以後1年以内に納期限が到来する国税 ※　例えば、納税義務の成立は、申告所得税の場合は暦年終了の時（12月31日）、法人税の場合は事業年度終了の時となり、その後の納期限までに災害を受けた場合が対象となります。
要　件	・災害により財産に相当な損失を受けたこと（保険金等により補てんされる金額は損失額から控除） ※　「相当な損失」とは、被害額が全資産額のおおむね20％以上である場合をいいます。 ・災害のやんだ日から2月以内に申請があること
申請方法	「**納税の猶予申請書**」を税務署へ提出 ※　納税の猶予申請書には被災の状況の記載が必要になりますが、被災状況が判明するまでに日時を要するときは、後日、補正してください。 　　なお、被災の状況の記載に代えて、市町村が発行するり災証明書又は申請者の方への聴き取りによる方法でも確認を行っています。
納税の猶予の期間	・その納期限から1年以内（国税通則法第11条により納期限が延長されている場合は、延長後の納期限から1年以内） ・被害額が全資産の額の50％を超える場合…原則1年 ・被害額が全資産の額の20〜50％である場合…原則8月 ※　予定納税に係る所得税並びに中間申告の法人税及び消費税は、最長で確定申告期限まで猶予。
猶予金額	対象国税の全部又は一部
担　保	不要
延滞税	猶予期間に対応する延滞税の全額を免除（通63）

　㊟　上記の国税通則法第46条第1項の「災害により財産に相当な損失を受けた場合の納税の猶予」の猶予期間内に納付できなかった場合には、同法第46条第2項の「災害等により納付困難となった場合の納税の猶予」を受けることができます。これらの納税の猶予制度を利用すれば、最大3年間の納税の猶予を受けることができます。

第2章　納税の猶予制度

別表　猶予基準の特例

個人（個人類似法人を含みます。）の場合

被害区分	被害の程度	猶予期間	備考
1　住宅の損壊 　この住宅には、住宅と同一の場所にある自己の事務所、工場及び納屋等（貸家を除きます。）を含みます。なお、被害の程度の判定に当たっては、その者が所有するそれらのものを総合したところにより行います（2以下の場合も同様）。	1　全壊（全流失） 　倒壊し又は外形上大破して改築しなければ居住等が出来ないような状況をいいますが、住宅の被害がおおむね50％を超える場合をいうこととしても差し支えありません。	1年	
	2　半壊 　はなはだしく被災したが、補修すれば再び使用できる状態をいいますが、住宅の被害がおおむね20％から50％までの場合をいうこととして差し支えありません。	8月	被災の状況に応じ、権衡を失しないよう2か月以内の範囲でその期間を延長し、又は短縮することができます。
	3　床上浸水	4月	被災の状況に応じ、権衡を失しないよう2か月以内の範囲でその期間を延長し、又は短縮することができます。
	4　床下浸水	2月	床下浸水の場合で、その原状回復までに相当の手数と経費を必要とする場合は、最高2か月を限度として被害の状況に応じて猶予期間を定めて差し支えありません。
2　家財等の流失、き損 　この家財とは、家庭用動産（営業以外の家畜等を含みます。）をいいます。	1　全損 　家財の被災がおおむね50％を超える場合をいいます。	8月	被災の状況に応じ、権衡を失しないよう2か月以内の範囲でその期間を延長し、又は短縮することができます。
	2　半損 　家財の被災がおおむね20％から50％までの場合をいいます。	4月	被災の状況に応じ、権衡を失しないよう2か月以内の範囲でその期間を延長し、又は短縮することができます。
3　田、畑の流失又は埋没等 　（農業用機械器具の流失、き損等を含みます。）	1　全損 　田、畑及び農業用機械器具の被災がおおむね50％を超える場合をいいます。	1年	農作物等の生産により、その生計（法人の場合は事業とする。以下同じ。）の50％以上を維持している場合に限るものとし、それによる生計の維持が50％未満であるときは、その生計の維持割合に2を乗じて得たものを左欄の猶予期間に乗じて計算した月数（1か月未満の端数は1か月とします。）の期間に短縮します。
	2　半損 　田、畑及び農業用機械器具の被災がおおむね20％から50％までの場合をいいます。	8月	1　同上 2　被災の状況に応じ、権衡を失しないよう2か月以内の範囲でその期間を延長し、又は短縮することができます。
4　農作物等の冠水、倒状及び流失等	1　全損 　農作物等のその年中の減収見込みがおおむね50％を超える場合をいいます。	8月	農作物等の生産により、その生計の50％以上を維持している場合に限るものとし、それによる生計の維持が50％未満であるときは、その生計の維持割合に2を乗じて得たものを左欄の猶予期間に乗じて計算した月数（1か月未満の端数は1か月とします。）の期間に短縮します。
	2　半損 　農作物等のその年中の減収見込みがおおむね20％から50％までの場合をいいます。	4月	1　同上 2　被災の状況に応じ、権衡を失しないよう2か月以内の範囲でその期間を延長し、又は短縮することができます。
5　上記以外の固定資産及び棚卸資産の流失、き損等 　この棚卸資産には製品、半製品、養殖真珠、かき、のり等を含みます。	1　全損 　固定資産及び棚卸資産の被害がおおむね50％を超える場合をいいます。	1年	営業者等でその営業等により生ずる収入により、生計の50％以上を維持している場合に限るものとし、それによる生計の維持が50％未満であるときは、その生計の維持割合に2を乗じて得たものを左欄の猶予期間に乗じて計算した月数（1か月未満の端数は1か月とする。）の期間に短縮します。
	2　半損 　固定資産及び棚卸資産の被害がおおむね20％から50％までの場合をいいます。	8月	1　同上 2　被災の状況に応じ、権衡を失しないよう2か月以内の範囲でその期間を延長し、又は短縮することができます。

第2節　災害により相当な損失を受けた場合の納税の猶予

法人（個人類似法人を除きます。）の場合

被　害　区　分	被　害　の　程　度	猶予期間	備　　　考
1　総資産の額のうち有形固定資産及び棚卸資産の額の占める割合が50％以下の場合	1　有形固定資産及び棚卸資産の額に対する被害額の割合が20％から50％までの場合 2　上記の割合が50％を超える場合	8　月 1　年	被災の状況に応じ、2か月以内の範囲でその期間を延長し、又は短縮することができます。
2　上記の割合が50％を超える場合	1　有形固定資産及び棚卸資産の額に対する被害額の割合が10％から25％までの場合 2　上記の割合が25％を超える場合	8　月 1　年	被災の状況に応じ、2か月以内の範囲でその期間を延長し、又は短縮することができます。

(注)1　上記により被災額を判定する場合において、保険金又は損害賠償金等（見舞金等を除きます。）により補てんされた金額があるときは、その補てんされた金額を控除したところによりその金額を定めることとされています。
　　2　有形固定資産とは、財務諸表等の用語、様式及び作成方法に関する規制（昭和38年大蔵省令59号）第22条に規定する資産及び第31条に規定する投資その他の資産のうち、投資の目的で所有する不動産をいい、棚卸資産とは、商品又は製品（副産物及び作業くずを含みます。）、半製品、仕掛品(半成工事を含みます。)、主要原材料、補助原材料、消耗品で貯蔵中のものその他これらの資産に準ずるものをいいます。
　　3　被害割合を算定する場合における総資産の額、有形固定資産の額、棚卸資産の額及び被害資産の額は、時価により算出しますが、時価計算によることが困難な場合には、簿価計算によって差し支えありません。

（出典：『国税通則法精解』（大蔵財務協会、2022）571頁）

第2章　納税の猶予制度

［8］　猶予申請に対する許可・不許可

納税者からの猶予申請に対して、税務署長等がその猶予を認めた場合どのような通知がなされますか。また、猶予を認めない（猶予の不許可）の場合、この処分に対して不服申立てはできますか。

税務署長等は、納税の猶予を認めた場合には、その旨、猶予に係る金額、猶予期間その他分割納付の場合の分割金額及び納付期限等必要な事項を納税者に通知しなければなりません。

また、納税の猶予を認めないとき（猶予の不許可）も同様、通知を行います。この不許可通知に対しては、不利益処分ですから、不服申立てを行うことができます。

解説

1　猶予の許可がなされた場合

　税務署長等は、納税の猶予を認めた場合には、その旨、猶予に係る金額、猶予期間、分割して納付させる場合の当該分割納付の各納付期限及び各納付期限ごとの納付金額その他必要な事項を納税者に通知しなければなりません（通47①）。

2　猶予の不許可の場合

　税務署長等は、申請書の提出があった場合において、その申請者に国税通則法第46条第1項から第3項までの規定に該当していると認められるときであっても、次のいずれかの事実が認められるときには、その猶予の申請を不許可とします（通46の2⑩）。

第2節　災害により相当な損失を受けた場合の納税の猶予

猶予の不許可事由

① 繰上請求事由に該当する事実がある場合において、その者が猶予に係る国税を猶予期間内に完納することができないと認められるとき。

② 納税者が、徴収職員による質問に対して答弁せず、又は同項の規定による検査を拒み、妨げ、若しくは忌避したとき。

　㊟　「拒み」とは、言語又は動作で検査を承諾しないこと、「妨げ」とは、検査に障害を与えること、「忌避」とは、積極的行動によらないで検査の対象から免れることをいいます（通基通46の2－6）。

③ 不当な目的で納税の猶予の申請がされたとき、その他その申請が誠実にされたものではないとき。

　㊟　納税の猶予の申請が不許可又はみなし取下げとなった後、同一の国税について再度猶予の申請がされたとき（新たな猶予該当事実などが発生するなど、その申請に正当な理由があるときを除きます。）などが該当します（通基通46の2－7）。

➤　納税の猶予の不許可処分は、申請に対する拒否処分であることから、納税の猶予不許可通知書にその理由を付記する必要があります（通74の14①、行手8）

3　猶予不許可処分と不服申し立て

　猶予の不許可処分は、納税者にとっては不利益な処分でもあることから、国税通則法第75条に基づき、不服申立てをすることができます。

第2章　納税の猶予制度

［9］　猶予期間の延長

　「相当な損失による納税の猶予」の許可を受け、分割により納付してきましたが、未だ災害等の要因でその猶予期間内では納付できません。このような場合、猶予期間の延長をすることはできますか。

　「相当な損失による納税の猶予」における猶予期間は、1年間限りと定められており、その猶予期間の延長は認められません。

　よって、この猶予期間内に猶予した金額を納付できないと認められるときは、新たに「災害等に基づく納税の猶予」の申請書を提出して、猶予を認めてもらう必要があります。

```
相当な損失による        災害等に基づく納税
猶予申請（通46①）  ▶   の猶予申請（通46②）
```

|解説|

1　「相当な損失による納税の猶予」と猶予期間の延長

　「相当な損失による納税の猶予」（通46①）については、猶予期間の延長は認められません。

　㊟　「一般的な納税猶予」（通46②③）については、猶予期間の延長があります。

2　「相当な損失による納税の猶予」と「災害等に基づく納税の猶予」の活用

　上記1のことから、「相当な災害による納税の猶予」（通46①）を受けた後でも、その猶予期間内に資力が回復せず、納付が困難であるときは、同一の災害を理由として、更に「災害等に基づく納税の猶予」（通46②）を受けることができます。しかも、災害による納税の猶予には、延長が認められることから、同一の災害を理由として、国税通則法第46条第1項、第2項及び第

7項の適用により、最長3年間の猶予が認められます（下図参照）。

また、「相当な損失による納税の猶予」（通46①）を受けた後、別個の災害を受けた場合においても、その災害に基づき、その国税を猶予期間内に納付できない場合は、もとより当該別個の災害を理由として「災害等に基づく納税の猶予」（通46②）を受けることができます。

⑫　上記の新たな猶予申請、国税通則法第46条第2項の「災害等に基づく納税の猶予」の申請を行う場合、納税者が国税を一時に納付することができないと認められることを必要とするから、猶予を認める税務署長等は、その際納税者の納付能力調査を行います。

《図示》　猶予期間の延長

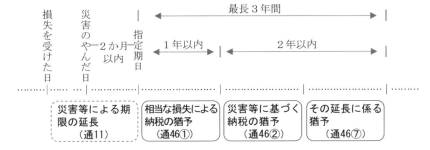

第2章　納税の猶予制度

（納税の猶予申請書）

納　税　の　猶　予　申　請　書

税務署長殿

国税通則法第46条第1項の規定により、以下のとおり納税の猶予を申請します。

整理番号						

申請者	住所（所在地）	電話番号　（　　　）	申請年月日	年　　月　　日
	氏名（名称）			
	法人番号			

納付すべき国税	年度	税目	納期限	本税	加算税	延滞税	利子税	滞納処分費	備考
			・・	円	円 法律による金額 円	円 法律による金額 円			
			・・		"	"			
			・・		"	"			
			・・		"	"			
上記のうち、納税の猶予を受けようとする金額									

災害を受けた期間	年　月　日から　年　月　日

相当な損失を受けたことの事実の詳細	

被災の状況	被災前の全財産		被災財産				損害割合	備考
	① 種類	② 価額	③ 被災の程度	④ 損害額	⑤ ④に対し保険金等により補てんされる額	⑥ 差引実損額（④−⑤）	⑥ ─ ②	

納税の猶予を受けようとする期間	年　月　日から　年　月　日まで　　月間

※税務署整理欄	通信日付印	年　月　日	確認		処理年月日	年　月　日
	番号確認					

（出典：国税庁ホームページ）

第2節　災害により相当な損失を受けた場合の納税の猶予

（「納税の猶予申請書」の記載要領）

「納税の猶予申請書」の記載要領

> 「納税の猶予申請書」は、災害により財産に相当の損失を受けた納税者が、納期限の到来していない国税について、**「相当な損失による納税の猶予」**を受けようとする場合に使用します。

1　「申請者」欄
　申請者の住所（所在地）、氏名（名称）及び電話番号を記載します。
　なお、申請者が法人である場合には、その代表者の氏名及び法人番号を併せて記載します。

2　「申請年月日」欄
　納税の猶予を申請する日を記載します。

3　「納付すべき国税」欄
　納税の猶予を申請するときにおいて、納期限が到来していない国税を全て記載します。
　なお、納税の猶予を受けようとする国税の「備考」欄には、〇印を付します。

4　「上記のうち、納税の猶予を受けようとする金額」欄
　上記(3)の納付すべき国税のうち、納税の猶予を受けようとする金額の合計額を記載します。

5　「災害を受けた期間」欄
　災害により財産に相当の損失を受けた日からその災害のやんだ日までの期間を記載します。

6　「相当な損失を受けたことの事実の詳細」欄
　災害によりその財産につき相当な損失を受けたことの事実の詳細を記載します。

7　「被災の状況」欄
　財産の種類ごとに、「種類」、「価額」、「被災の程度」、「損害額」、「保険金等により補てんされる額」、「差引実損額」の各欄を記載し、「被災前の全財産」欄と「被災財産」欄の合計額を算出して、合計額により「損害割合」欄を記載します。

8　「納税の猶予を受けようとする期間」欄
　納税の猶予を受けようとする期間を記載します。

❖　被災状況が判明するまでに日時を要する場合には、「被災の状況」欄以外の項目を記載の上で提出し、被災の状況については後日提出しても差し支えありません。

（出典：国税庁ホームページ、筆者一部修正）

第3節　一般的な納税の猶予

［10］「災害等に基づく納税の猶予」の要件等

　先の異常気象の影響下での自然災害等により災害を被った場合には、どのような猶予措置がありますか。

　震災、風水害、事業の休廃止等の理由に基づき、その国税を一時に納付できないと認められるときは、納税者の申請により、期間を定め、納税の猶予をすることができます。

|解説|

　災害等による被災者のための納税の猶予には、国税の納期限前に災害等により財産に相当な国税通則法第46条第1項の「**相当な災害に基づく納税の猶予**」（前述第2節参照）のほか、同条第2項の「**災害等に基づく納税の猶予**」があります。この後者の「災害等に基づく納税の猶予」（徴46②）と「確定手続の遅延に基づく納税の猶予」（徴46③）を併せて、本稿では「一般的な納税猶予」といいます。

　ここでは、はじめに「災害等に基づく納税の猶予」の要件等について解説します。

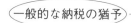─┬─災害等に基づく納税の猶予（通46②）
　　　　　　　　　　└─確定手続の遅延に基づく納税の猶予（通46③）

1　「災害等に基づく納税の猶予」の要件

　納税者が震災、風水害、事業の休廃止等（猶予該当事実）の理由に基づき、その国税を一時に納付できないと認められるときは、税務署長等は、納税者

の申請により、1年以内の期間に限り、納税の猶予をすることができます（通46②）。これを「**災害等に基づく納税の猶予**」といいます。

　具体的には、次の(1)から(4)までに掲げる要件の全てに該当する場合は、当該納税の猶予を受けることができます。

(1)　納税者に、次に掲げるもののいずれかに該当する事実（納税者の責めに帰することができないやむを得ない理由により生じた事実に限ります。以下「**猶予該当事実**」といいます。）があること（通46②一～五）

> **猶予該当事実**
> ①　納税者がその財産につき、震災、風水害、落雷、火災その他の災害を受け、又は盗難に遭ったこと（1号）
> ②　納税者又はその者と生計を一にする親族が病気にかかり、又は負傷したこと（2号）
> ③　納税者がその事業を廃止し、又は休止したこと（3号）
> ④　納税者がその事業につき著しい損失を受けたこと（4号）
> ⑤　納税者に上記①から④までに類する事実があったこと（5号）

☞　具体的な猶予該当事実については、59頁参照

(2)　上記(1)の猶予該当事実に基づき、納税者がその納付すべき国税を一時に納付することができないと認められること

❖　**猶予該当事実と納付困難の関係**

　「災害等に基づく納税の猶予」において、国税通則法第46条第2項の「その該当する事実に基づき」納付することができないとは、納税者に同項各号に掲げる事実があったことにより、資金の支出又は損失があり、その資金の支出又は損失のあることが国税を一時に納付することができないことの原因となっていることをいいます（通基通46－11－2）。

　また、同条同項の「国税を一時に納付することができない」とは、①納税者に納付すべき国税の全額を一時に納付する資金がないこと、又は②納付すべき国税の全額を一時に納付することにより納税者の事業の継

続若しくは生活の維持を困難にすると認められることをいいます（通基通46－12－3）。

  ➢ 国税通則法第46条第2項の「納付することができないと認められる金額」とは、損失の復旧費等の支出を必要やむを得ないものに限ってもなお納付することができないと認められる金額のうち、同項各号に掲げる事実と因果関係を有する範囲の金額をいいます（通基通46－6）。

(3) 「**納税の猶予申請書**」が所轄の税務署に提出されていること

☞ 「[13] 納税の猶予における申請手続等」 68頁参照

(4) 原則として、猶予を受けようとする金額に相当する**担保の提供**があること

2 「相当な損失による納税の猶予」から「災害等に基づく納税の猶予」への適用

「相当な損失による納税の猶予」（通46①）と「災害等に基づく納税の猶予」（徴46②）との関係性については、前述52頁参照してください。

《図示》 猶予期間の延長

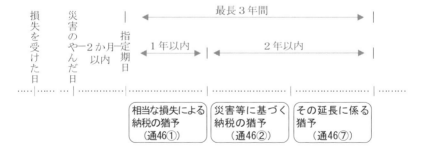

[11]　「災害等に基づく納税の猶予」における猶予該当事実

　災害等に基づく納税の猶予における猶予該当事実として、震災、風水害のほか「その他の災害」となっていますが、その他具体的な猶予該当要件を教えてください。

　災害等に基づく納税の猶予における猶予該当事実の具体的な事項は、解説のとおりです。

猶予該当事実
①震災、風水害、落雷、火災その他の災害
②病気又は負傷
③事業の休廃止等
④事業につき著しい損失

解説

1　猶予該当事実

　災害等に基づく納税の猶予（通46②）における「猶予該当事実」とは、次に掲げるようなものをいい、その事実が納税者の責めに帰することができないやむを得ない理由により生じたものに限られます（通基通46－8－2）。そのため、著しい損失が生じた原因が第三者に対する金銭の贈与である場合など、その事実が納税者の責めに帰するべき事由により生じた場合は、猶予該当事実に当たりません。

(1)　納税者がその財産につき、震災、風水害、落雷、火災その他の災害を受け、又は盗難に遭ったこと（通46②一）

　➤　「その他の災害」とは、財産の損失に直接因果関係を有するおおむね次のような災害をいいます（通基通46－8－3、46－1）。
　　①地すべり、噴火、干害、冷害、海流の激変その他の自然現象の異変による災害
　　②火薬類の爆発、ガス爆発、鉱害、天然ガスの採取等による地盤沈下

　　　　その他の人為による異常な災害
　　　③病虫害、鳥獣害その他の生物による異常な災害

(2) **納税者又はその者と生計を一にする親族が病気にかかり、又は負傷したこと（通46②二）**

➢ 「生計を一にする」とは、納税者と有無相助けて日常生活の資を共通にしていることをいい、納税者がその親族と起居を共にしていない場合においても、常に生活費、学資金、療養費等を支出して扶養している場合が含まれます。なお、親族が同一の家屋に起居している場合には、明らかに互いに独立した生活を営んでいると認められる場合を除き、これらの親族は生計を一にするものとします（通基通46－9）。

➢ 「親族」とは、民法第725条各号《親族の範囲》に掲げる六親等内の血族、配偶者及び三親等内の姻族をいいます。なお、婚姻又は縁組の届出はしていないが、事実上、納税者と婚姻関係又は養親子関係にある者は、親族と同様に取り扱うものとします（通基通46－10、民事執行法97①参照）。

(3) **納税者がその事業を廃止し、又は休止したこと（通46②三）**

➢ 「事業を廃止し、又は休止した」とは、法令の規定又は業績の著しい悪化等のやむを得ない理由により、事業の全部又は一部を廃止（転業したものを含みます。）又は休止したことをいいます（通基通46－11）。

(4) **納税者がその事業につき著しい損失を受けたこと（通46②四）**

➢ 事業につき著しい損失を受けた」とは、猶予期間の始期の前日以前1年間（以下「調査期間」といいます。）の損益計算において、調査期間の直前の1年間（以下「基準期間」といいます。）の税引前当期純利益の額の2分の1を超えて税引前当期純損失が生じていると認められる場合（基準期間において税引前当期純損失が生じている場合は、調査期間の税引前当期純損失の額が基準期間の税引前当期純損失の額を超えているとき）をいいます（通基通46－11－2）。

(5) **納税者に災害、盗難又は病気、負傷に類する事実があったこと（第1号又は第2号に類するもの）（通46②五）**

➢ 「災害、盗難又は病気、負傷に類する事実」とは、おおむね次に掲げる事実をいいます（通基通46－12(1)）
　① 詐欺、横領等により財産を喪失したこと。

② 交通事故の損害賠償（使用者責任による場合を含みます。）をしたこと。
③ 公害の損害賠償をしたこと。
④ 納税者の取引先等である債務者について、おおむね次に掲げる事実が生じたため、その債務者に対する売掛金等（売掛金のほか、前渡金、貸付金その他これらに準ずる債権を含み、また、これらの債権について受領した受取手形のうち割り引かれていない部分の金額及び割り引かれているものであっても、不渡り等のため買戻しを行ったものを含みます。）の回収が不能又は著しく困難になったと認められること（従前に比べて決済に要する期間が著しく長期化したと認められる場合を含みます。）。
・所在不明又は無財産になったこと。
・事業の不振又は失敗により休廃業に至ったこと。
・企業担保権の実行手続の開始決定があったこと。
・破産手続開始の決定があったこと。
・会社法の規定による特別清算開始の命令があったこと。
・法律の定める整理手続によらないが、債権者集会による債務整理の決定があったこと。
・手形交換所において取引の停止処分を受けたこと。
・災害、盗難、詐欺、横領により財産の大部分の喪失があったこと。
・会社更生法又は金融機関等の更生手続の特例等に関する法律の規定による更生手続開始の決定があったこと。
・民事再生法の規定による再生手続開始の決定があったこと。
・外国倒産処理手続承認の決定があったこと。
⑤ 納税者と生計を一にしない親族（納税者の親族と同視できる特殊の関係にある者を含みます。）が病気にかかり、又は負傷したこと。

(6) 納税者に事業の廃止又は事業上の著しい損失に類する事実があったこと（第3号又第4号に類するもの）（通46②六）

➤ 「事業の廃止又は事業上の著しい損失に類する事実」とは、おおむね次に掲げる事実をいいます（通基通46－12(2)）。
① 納税者の経営する事業に労働争議があり、事業を継続できなかったこと。
② 事業は継続しているものの、交通、運輸若しくは通信機関の労働争議又は道路工事若しくは区画整理等による通行路の変更等により、売上の著しい減少等の影響を受けたこと。

③ 市場の悪化、取引先の被災、親会社からの発注の減少等により、従前に比べ納税者の事業の操業度の低下又は売上の著しい減少等の影響を受けたこと。

④ 著しい損失の状態が生じたとまではいえないものの、それに近い税引前当期純損失の状態が生じる原因となった<u>売上の著しい減少</u>又は経費の著しい増加が生じたこと。

⑤ 納税者が著しい損失（事業に関するものを除きます。）を受けたこと。

㊟ 上記の「売上の著しい減少」とは、単に従前に比べて売上が減少したというだけでは足りず、事業の休廃止若しくは事業上の著しい損失があったのと同視できるか又はこれに準ずるような重大な売上の減少があったことをいいます（平成23.5.26名古屋高判参照）。

2 猶予該当事実と納付困難との関係等

猶予該当事実（災害等）【発生】⇒ 資金の支出、損失（多額の支出、損失）【原因】⇒ 一時納付困難（金銭納付困難）【結果】

全額一時納付により事業の継続生活維持困難

……………【判定】……………

【現在納付能力調査】

(1) 国税通則法第46条第2項の「その該当する事実に基づき」納付することができないとは、納税者に同項各号に掲げる猶予該当事実（発生）があったことにより、資金の支出又は損失があり（原因）、その資金の支出又は損失のあることにより、国税を一時に納付することができない（結果）ことになっていることをいいます（通基通46－12－2）。

(2) なお、ここにいう「国税を一時に納付することができない」とは、納税者に納付すべき国税の全額を一時に納付する資金がないこと、又は納付すべき国税の全額を一時に納付することにより納税者の事業の継続若しくは生活の維持を困難にすると認められることをいいます（通基通46－12－3）。

(3) 上記納付困難であるかどうかの判定に当たっては、**現在納付能力調査**等により行われます（猶予取扱要領4(4)ロ（注）、63～66）。

3　申請手続及び担保の提供

「災害等に基づく納税の猶予」（通46②）における申請手続及び担保の提供については、後述の「[13] 納税の猶予における申請手続等」及び「[14] 納税の猶予に伴う担保の提供」を参照してください。

第2章　納税の猶予制度

> 災害等により納付困難となった場合の納税の猶予について
> （既に納期限の到来している国税）

　災害により被害を受けたことに基づき、納期限を経過した国税を一時に納付することが困難と認められる場合、又は国税通則法第46条第1項による「災害により財産に相当な損失を受けた場合の納税の猶予」を受けてもなお納付することが困難と認められる場合は、税務署に申請することにより、「災害等により納付困難となった場合の納税の猶予」を受けることができます。

災害等により納付困難となった場合の納税の猶予（通46②）	
要　件	①　災害その他やむを得ない理由に基づき、国税を一時に納付することが困難なこと ②　申請があること
申請方法	「納税の猶予申請書」を税務署へ提出
納税の猶予の期間	1年以内。 やむを得ない理由があると認められるときは、申請に基づき、延長することができる。ただし、既にこの規定による納税の猶予を受けた期間と合わせて2年以内（通46⑦）
猶予金額	災害等により被害を受けたことに基づき一時に納付することが困難と認められる金額
担　保	原則として必要 （猶予金額が100万円以下の場合、猶予の期間が3か月以内の場合、又は担保として提供することができる種類の財産がないといった事情がある場合は不要）（通46⑤）
延滞税	猶予期間に対応する延滞税の全部又は一部を免除（通63①、③）

第3節　一般的な納税の猶予

[12] 「確定手続の遅延に基づく納税の猶予」の要件等

　税務署等による課税の調査があり、その更正・決定が法定申告期限から3年後に行われました。
　このように課税手続等が遅延した場合に何らかの猶予措置はありませんか。

　法定申告期限から1年を経過した日以後、修正申告、更正又は決定により納付すべき税額が確定した場合において、その国税を一時に納付することができない理由があると認めるときは、その納付することができないと認められる金額を限度として、その国税の納期限内にされたその者の申請に基づき、その納期限から1年以内の期間を限り、その徴収を猶予することができます。

　一般的な納税の猶予　┬　災害等に基づく納税の猶予（通46②）
　　　　　　　　　　　└　確定手続の遅延に基づく納税の猶予（通46③）

|解説|
　ここでは、一般的な納税の猶予のうち、国税通則法第46条第3項に定める「確定手続の遅延に基づく納税の猶予」について解説します。

1　確定手続が遅延した場合における納税の猶予

　納税者等は、**法定申告期限**（課税標準申告書提出を要しない賦課課税方式の国税は、納税義務の成立の日）から1年を経過した**日**以後、納付すべき税額が確定した場合において、その国税を一時納付することができない理由があると認めるときは、その納付することができないと認められる金額を限度として、その国税の納期限内にされたその者の申請に基づき、その納期限から1年以内の期間を限り、その徴収を猶予することができます（通46③）。

第2章 納税の猶予制度

これを「確定手続の遅延に基づく納税の猶予」といいます。

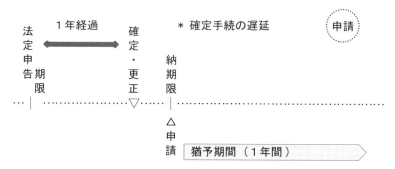

2 「確定手続の遅延に基づく納税の猶予」の該当要件

「確定手続の遅延に基づく納税の猶予」（通46③）は、次の①から④までに掲げる要件の全てに該当する場合は、納税の猶予を受けることができます。

該当要件

①法定申告期限から1年を経過した日以後に納付すべき税額が確定した国税（＊1）などがあること

②納税者が①の国税を一時に納付することができない理由があると認められること

③やむを得ない理由があると認められる場合を除き、納税者から①の国税の納期限（＊2）までに「納税の猶予申請書」が所轄の税務署に提出されていること

④原則として、猶予を受けようとする金額に相当する担保の提供があること

＊1、＊2　例えば、法定申告期限から1年を経過した日以後に修正申告書を提出した場合に、その修正申告書の提出によって納付すべきこととなる国税が該当します。よって、修正申告書を提出する場合には、その提出した日が納期限となりますので、同日までに「納税の猶予申請書」を提出する必要があります。

3 申請手続及び担保提供手続

「確定手続の遅延に基づく納税の猶予」(通46③)における申請手続及び担保の提供については、後述の「[13] 納税の猶予における申請手続等」及び「[14] 納税の猶予に伴う担保の提供」を参照してください。

　　「確定手続の遅延に基づく納税の猶予」

確定手続の遅延に基づく納税の猶予（通46③）	
要　件	①法定申告期限から1年を経過した日以後に納付すべき税額が確定した国税などがあること ②納税者が①の国税を一時に納付することができない理由があると認められること
申請方法	「納税の猶予申請書」を税務署へ提出
納税の猶予の期間	1年以内。 やむを得ない理由があると認められるときは、申請に基づき、延長することができる。 ただし、既にこの規定による納税の猶予を受けた期間と合わせて2年以内（通46⑦）
猶予金額	確定手続が遅延した国税についてその<u>納付すべき税額を一時に納付できない金額を限度</u>（通46②③）
担　保	原則として必要 (猶予金額が100万円以下の場合、猶予の期間が3か月以内の場合、又は担保として提供することができる種類の財産がないといった事情がある場合は不要)（通46⑤）
延滞税	猶予期間に対応する延滞税の一部を免除（通63①、③）

第2章 納税の猶予制度

［13］ 納税の猶予における申請手続等

国税通則法第46条第2項（災害等に基づく納税の猶予）及び第3項（確定手続の遅延に基づく納税の猶予）の場合における申請手続を説明してください。

「災害等に基づく納税の猶予」及び「確定手続の遅延に基づく納税の猶予」の申請に当たっては、その適用条項を記載した「納税の猶予申請書」及びその添付書類のほか、担保の提供が必要となります。以下、解説で詳述します。

納税の猶予申請書 ＋ 添付書類 ＋ 担保

|解説|

1 猶予申請書の提出

納税者は、「納税の猶予申請書」を提出しなければなりません（通46の2②③、通令15の2）。

納税の猶予申請書の提出は、各猶予の要件事実によって、次のようになります。

☞ 「納税の猶予申請書」100頁参照

第3節　一般的な納税の猶予

(1)　災害等に基づく納税の猶予

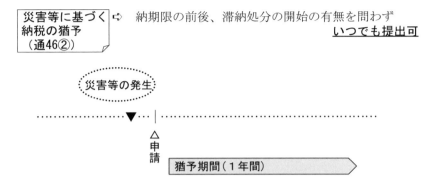

(2)　確定手続の遅延に基づく納税の猶予

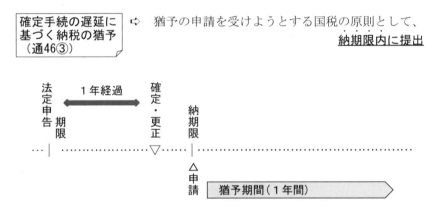

❖　納期限後に提出する場合の「やむを得ない理由」とは

　確定手続の遅延に基づく納税の猶予（通46③）に係る国税通則法第46条第3項にいう納期限後に提出する場合の「やむを得ない理由」とは、例えば、国税通則法第74条の11第2項《調査の終了の際の手続》の国税に関する調査結果の内容の説明を受けた時など、納税者が同法第46条第3項各号に規定する納付すべき税額を知った時から、納税の猶予の申請書及び添付書類の作成のために通常必要と認められる期間（おおむね1月程度）内に納税の猶予の申請書が提出されたことその他納税者の責めに帰することが

第2章　納税の猶予制度

できないと認められる理由をいいます（通基通46－13－4）。

2　申請書の添付書類

猶予申請にあたり、上記1の「納税の猶予申請書」のほか、次の掲げるような添付書類が必要となります。この場合、猶予金額によりその添付書類も異なります（猶予取扱要領29）。

猶予金額が100万円以下の場合	猶予金額が100万円を超える場合
○　災害等により納付困難となった場合の納税の猶予の申請をする場合には、**猶予該当事実があることを証する書類**（＊1）	
○　「財産収支状況書」（＊2）	○　「財産目録」（＊3） ○　「収支の明細書」（＊4） ○　担保関係書類（＊5）

㊟　上記のほか、納税の告知がされていない源泉徴収等による国税の猶予を申請する場合には、「所得税徴収高計算書」、登録免許税の猶予を申請する場合には、登録等の事実を明らかにする書類が必要となります。

＊1　「猶予該当事実があることを証する書類」には、例えば次のようなものがあります（通基通46の2－1）。
　①　災害又は盗難のとき…罹災証明書、盗難の被害届の写し等
　②　病気又は負傷のとき…医師による診断書、医療費の領収書等
　③　事業の廃止又は休止のとき…廃業届、商業登記簿の登記事項証明書等
　④　事業について著しい損失を受けたとき…調査期間及び基準期間の損益計算書等
＊2、＊3、＊4　後述「財産収支状況書」、「財産目録」、「収支の明細書」参照
＊5　担保関係書類については、後述「[14] 納税の猶予に伴う担保の提供」、「第4章　猶予に伴う担保」参照
　　➤　添付書類につき提出困難な場合の対応
　　　　「災害等に基づく納税の猶予」（通46②一、二、五（同項第1号又は第2号に該当する事実に類する事実に係るものに限ります。））の申請に当たって、災害等による帳簿書類の滅失、病気等による入院など、納税の猶予又は猶予期間の延長の申請に当たって、納税者の責めに帰

さないやむを得ない理由により添付書類を提出することが困難であると税務署長が認めるときは、添付すべき書類（担保の提供に関する書類を除きます。）について提出することを要しません（通46の2⑤、通令15の2⑦、通基通46の2-2）。

3　猶予する金額（猶予金額）

(1) 「災害等に基づく納税の猶予」における猶予金額

納税の猶予する金額は、猶予該当事実に基づき、一時に納付することができない金額（通46②）、すなわち、猶予該当事実に基づく支出又は損失（以下「猶予該当支出」といいます。）の合計額を限度とします（猶予取扱要領5(1)）。

なお、現在納付能力調査により判定した納付困難と認められる金額が、猶予該当支出を下回る場合には、その納付困難と認められる金額になります。

猶予金額　…　猶予該当事実に基づく支出又は損失の合計額を限度（通46②）

　　　　(注)　「納税の猶予申請書」の「④納税の猶予を受けようとする金額（②－③）」欄の金額

➢　国税通則法第46条第2項の「納付することができないと認められる金額」とは、損失の復旧費等の支出を必要やむを得ないものに限ってもなお納付することができないと認められる金額のうち、同項各号に掲げる事実と因果関係を有する範囲の金額をいいます（通基通46－6）。

(2) 「確定手続の遅延に基づく納税の猶予」における猶予金額

猶予金額　…　確定手続が遅延した国税についてその納付すべき税額を一時に納付できない金額を限度（通46③）

　　　　(注)　「納税の猶予申請書」の「④納税の猶予を受けようとする金額（②－③）」欄の金額

➢　国税通則法第46条第3項の規定により猶予する金額の判定に当たっては、その国税の確定手続等との因果関係を考慮する必要はありませ

ん（通基通46－13）。

4　猶予する期間（猶予期間）

　国税通則法第46条第２項及び第３項の規定により猶予に係る猶予の期間は、原則として、１年以内です。

(1)　災害等に基づく納税の猶予（通46②）

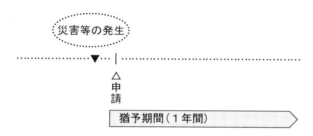

> ➤ 「猶予期間」の始期

　「猶予期間」の始期は、<u>猶予の申請書に記載された日</u>とします。ただし、その日が同項各号に掲げる事実が生じた日より前であるなど、その日を始期とすることが適当でないと認めるときは、別にその始期を指定することができます（猶予取扱要領６）。

　また、災害を受けた場合など、国税通則法第46条第２項各号の事実が生じた日が明らかであると認められる場合は、その事実が生じた日を猶予する期間の始期とすることができます（通基通46－８）。

> ➤ 猶予期間

　個々の納税者に対する具体的な「猶予期間」は、将来における納付能力を調査した上、１年の範囲内で、納税者の事業の継続又は生活の維持に著しい障害を与えることなく、その猶予される金額が納付できると認められる最短の期間です。

　また、納税者の将来における納付能力に応じ、猶予金額をその者の財産の状況その他の事情からみて合理的かつ妥当なものに分割して納付させることができます。この場合においては、分割納付の各納付期限及び納付期限ごとの納付金額を定めます（通46④）。

(2) 確定手続の遅延に基づく納税の猶予（通46③）

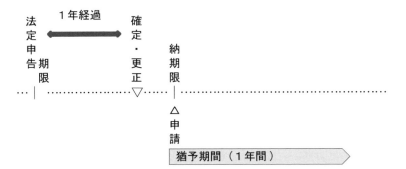

> ➤ 「猶予期間」の始期
>
> 　猶予する期間の始期は、猶予を受けようとする国税の納期限の翌日とします。なお、やむを得ない理由があって納期限後に納税の猶予の申請書を提出した場合は、当該申請書の提出日をその始期とします（通基通46－13－3）。

> ➤ 「猶予期間」
>
> 　猶予期間は、1年を限度として、納税者の財産の状況その他の事情からみて合理的かつ妥当な金額に分割して納付した場合において、その猶予に係る国税を完納することができると認められる最短期間とします（通基通46－13－2）。

☞　猶予期間の延長については、91頁参照

5　分割納付

分割納付 … 猶予期間内において、合理的かつ妥当な金額による分割納付

　一般的な納税の猶予をする場合（通46②③）には、その猶予期間内において、その猶予に係る金額をその納税者の財産の状況その他の事情からみて合理的かつ妥当なものに分割して納付させることができます（通46④）。

第2章　納税の猶予制度

　この場合において、「納税者の財産の状況その他の事情からみて合理的かつ妥当なもの」とは、納税者の財産の状況その他の事情からみて、納税者の事業の継続又は生活の維持を困難にすることなく猶予期間内の各月において納付することができる金額であって、かつ、その猶予に係る国税を最短で完納することができる金額をいいます（通基通46－13－6）。

　なお、一般的な納税の猶予をする場合は、災害、病気等により納税者の資力が著しく低下している場合を除き、その猶予に係る金額を猶予期間内の各月（税務署長がやむを得ないと認めるときは、その期間内の税務署長が指定する月）に分割して納付させるものとし（通基通46－13－5）、この場合は、分割納付の各納付期限（以下「分割納付期限」という。）及び分割納付期限ごとの納付金額（以下「分割納付金額」という。）を定めます。

〈事例〉　分割納付（合理的かつ妥当な金額）
　　　　…　猶予に係る金額　34万円の場合で、猶予期間中の8月、10月には他の税金の支払、11月には、臨時収入が見込まれる場合

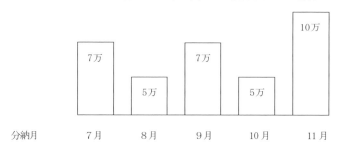

❖　猶予期間の1年以内に完納が見込まれない場合の取扱い
　国税通則法第46条第2項及び第3項の要件を満たす場合において、納付能力調査の結果、納税の猶予をしようとする国税の完納までに要する期間が1年を超えると認められるときは、猶予期間を1年間とし、1年を超える部分の金額は猶予期間の最終月の分割納付金額として処理するものとして取り扱われています（猶予取扱要領6(4)、9(4)）。

〈事例〉 滞納税額100万円 ⇨ 猶予期間12月（1年）

月々5万円分割納付、最終月45万円

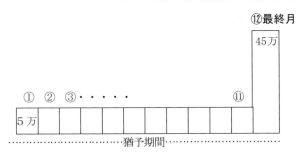

6 猶予に伴う担保

一般的な納税の猶予（通46②③）においては、猶予金額の履行を促進し、また、不履行の場合における徴収を確保するため、①猶予金額が100万円以下の場合、②猶予の期間が3月以内である場合又は③担保を徴することができない特別の事情にある場合を除き、猶予金額に相当する担保を提供させなければなりません（通46⑤）。

☞「[14] 納税の猶予に伴う担保の提供」79頁参照

7 猶予期間の延長

災害等による納税の猶予（通46②）又は確定手続の遅延に基づく納税の猶予（通46③）をした場合において、この猶予した期間内にその猶予した金額を納付することができないやむを得ない理由があると税務署長等が認めるときは、納税者の申請により、猶予期間を延長することができます。ただし、その延長を認める期間は、すでにその者につき猶予を認めた猶予期間と合わせて2年を超えることができません（通46⑦）。

　㊟　「やむを得ない理由」とは、納付できない理由が納税者の責めに帰すことができない理由をいいます。

第2章　納税の猶予制度

《図示》　猶予期間の延長

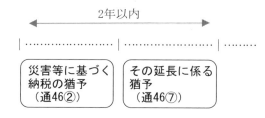

☞　「［17］納税の猶予と猶予期間の延長」91頁参照

8　分納金額の変更

　税務署長等は、納税者が納税の猶予の通知を受けた分割納付の各納付期限ごとの納付金額をその納付期限までに納付することができないことにつきやむを得ない理由があると認められるとき、又は猶予期間を短縮したときは、その分割納付の各納付期限及び各納付期限ごとの納付金額を変更することができます（通46⑨）。

〈事例〉《当初の分割納付》　猶予税額　120万円（毎月20万円の分割納付）

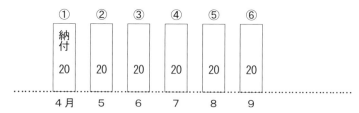

〈事例〉《変更後の分割納付》　猶予税額　120万円（各月の臨時的な支出等を考慮した納付）

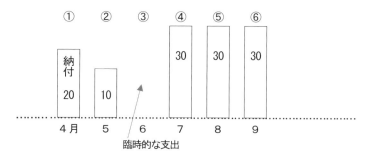

〈事例〉《延長変更後の分割納付》

- 猶予税額　120万円（当初毎月20万円、4〜9月までの分割納付）
- 5月の猶予期間の延長申請（10月〜11月、2か月）延長を踏まえた分割納付、②〜⑧

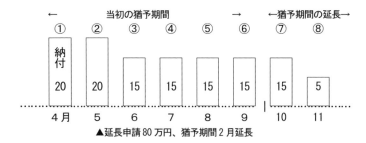

9　一般的な納税の猶予と他の猶予制度との関係

(1)　相当な損失による納税の猶予と関係

　相当な損失による納税の猶予（通46①）を受けた後でも、その猶予期間内に資力が回復せず、納付が困難であるときは、同一の災害を理由として、更に災害等に基づく納税の猶予（通46②）を受けることができます。しかも、災害による納税の猶予の期間は、1年の猶予期間及びその延長に係る期間と別個に計算されます。よって、同一の災害を理由として、国税通則法第46条第1項、第2項及び第7項の適用により、最長3年間の猶予が認められます（下図参照）。

　また、相当な損失による納税の猶予（通46①）を受けた後、別個の災害を受け、その災害に基づき、その国税を猶予期間内に納付できない場合は、もとより当該別個の災害を理由として第2項の規定による災害に基づく納税の猶予（通46②）を受けることができます。

第2章　納税の猶予制度

《図示》　猶予期間の延長

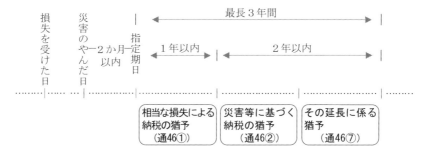

(2) 換価の猶予との関係

　換価の猶予（徴151、151の2）を受けている国税について、その猶予期間中に災害に基づく納税の猶予（通46②）の申請があった場合において、納税の猶予の要件に該当するときは、その換価の猶予を取り消し、又はその猶予期間を短縮した上で、納税の猶予を適用する取扱いとなっています（猶予取扱要領4(7)）。

[14] 納税の猶予に伴う担保の提供

納税の猶予申請の要件の一つに「担保の提供」がありますが、猶予申請税額にかかわらず必要ですか。また、提供する担保がない場合には、どのようになりますか。

「災害等に基づく納税の猶予」及び「確定続が遅延した場合の納税の猶予」の申請においては、原則、担保の提供が必要です。

しかしながら、その猶予金額が100万円以下の場合、猶予期間が3月以内である場合又は担保を徴することができない特別な事情にある場合はこの限りではありません。

なお、国税通則法第46条第1項の「**相当な損失による納税の猶予**」については、担保の提供は必要ありません。

担保不徴収
- ①猶予税額が100万円以下
- ②猶予の期間が3月以内
- ③**担保徴取できない事情**
  - 担保として適格な財産がない場合
  - その財産の見積価額が猶予に係る国税及びこれに先立つ抵当権の被担保債権等の額を超える見込みがない場合
  - 担保を徴することにより、事業の継続又は生活の維持に著しい支障を与えると認められる場合

第2章　納税の猶予制度

> 解説

1　猶予をする場合の担保の提供

　一般的な納税の猶予（通46②③）をする場合には、猶予金額の履行を促進し、また、不履行の場合における徴収を確保するため、①猶予金額が100万円以下の場合、②猶予期間が3月以内である場合又は③担保を徴することができない次に掲げるような特別な事情にある場合を除き、猶予金額に相当する担保を提供しなければなりません（通46⑤）。

担保を徴することができない特別の事情

　「担保を徴することができない特別の事情」とは、おおむね次の場合をいいます（通基通46-14）。
(1)　国税通則法第50条各号《担保の種類》に掲げる種類の財産がなく、かつ、保証人となる適当な者がいない場合（通基通46-14(1)）
(2)　国税通則法第50条各号《担保の種類》に掲げる種類の財産があるものの、その財産の見積価額（第50条関係10参照）が猶予に係る国税及びこれに先立つ抵当権等により担保される債権その他の債権の合計額を超える見込みがない場合（通基通46-14(2)）
(3)　担保を徴することにより、事業の継続又は生活の維持に著しい支障を与えると認められる場合（通基通46-14(3)）

➤　「猶予に係る税額が100万円以下である場合」の判定は、納税の猶予の申請時において、その猶予を受けようとする国税以外に猶予の申請中の国税又は既に猶予をしている国税があるときは、これらの国税の額を含めて行います（通基通46-13-7）。

　参考　平成26年度税制改正により担保の徴取基準の見直しが行われ、要担保徴取額の最低基準額を100万円（改正前50万円）に引き上げるとともに、その猶予期間が3月以内の場合は担保が不要となりました（通46⑤等）。
　　　なお、この改正は、平成27年4月1日以後に適用されています。

(注)　地方税の猶予制度における担保の提供は、各地方団体の条例によります（地16①）。

2 担保の徴取と差押え等との関係

　猶予に係る国税につき差し押さえた財産があるときは、当該財産は、担保として提供された財産と同様に当該猶予金額を担保するものであることから、国税通則法第46条第6項の規定により、その財産の価額の範囲の金額については、担保を徴することを要しません。

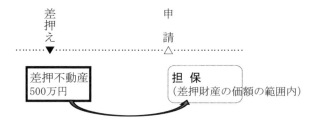

> 　差し押さえた「財産の価額」は、その財産の見積価額（通基通第50条関係10参照）から差押えに係る国税に先立つ抵当権等により担保される債権その他の債権の合計額を控除した額とします（通基通46－15）。

3 「相当な損失による納税の猶予」と担保不徴取

　国税通則法第46条第1項の「相当な損失による納税の猶予」については、災害等により甚大な被害のあった財産の状況等を鑑み、その猶予金額のいかんにかかわらず担保は不徴取としています（通46⑤）。

　☞　前述「［7］「相当な損失による納税の猶予」の申請手続等」42頁参照

[15] 猶予申請がなされた場合の税務署等の審査手続

 納税の猶予申請がなされた場合、その申請書及び添付資料について、税務署等ではどのような審査が行われますか。

 税務署長等は、猶予申請書の提出がなされた場合、その申請書及び添付書類の記載の不備があるとき若しくは添付書類の提出がないときは、申請者に対して、その申請書の訂正又はその添付すべき書類の訂正若しくは提出を求めます。

また、税務署長等は、猶予該当事由の適否などの審査、調査を行った上で、猶予許可、不許可がなされ、納税者にその旨の通知がなされます。

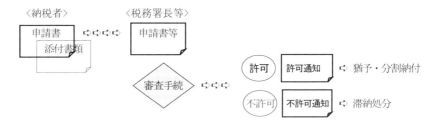

解説

1 猶予申請に対する補正手続

税務署長等は、納税の猶予の申請手続を円滑に進める等の観点から、その申請書の提出があった場合において、これらの申請書についてその記載に不備があるとき、又はこれら申請書に添付すべき書類についてその記載に不備があるとき若しくは添付書類の提出がないときは、申請者に対して、その申請書の訂正又はその添付すべき書類の訂正若しくは提出を求めることができます（通46の2⑦）。

この場合、税務署長等は、その旨及びその理由を記載した書面により、これを申請者に通知することとします（通46の2⑧）。

> 「記載に不備があるとき」とは、
> 　提出された申請書又は申請書に添付すべき書類について、記載すべき事項が記載されていないとき、又は納税の猶予の適否の判断をすることができる程度の記載がされていないと認められるときをいいます（通基通46の2－3）。
> 「添付書類の提出がないとき」とは、
> 　提出を求めた添付書類の提出があったものの、記載すべき内容がほとんど記載されていなかったときも含まれます（通基通46の2－4）。

2　補正等が求められた場合

　税務署長等から申請書等の補正を求められた場合、申請者は補正の通知を受けた日の翌日から起算して20日以内に、申請書の訂正又は添付すべき書類の訂正若しくは提出をしなければなりません（通46の2⑨前段）。

　この場合において、その期間内にその申請書の訂正又は添付すべき書類の訂正若しくは提出をしなかったときは、その申請者は、その期間を経過した日においてその申請を取り下げたものとみなされます（通46の2⑨後段）。

　(注)　みなし取下げの通知に対する不服申立て
　　納税の猶予の申請が取り下げられたものとみなされた場合において、その旨を納税者に知らせる通知は、不服申立ての対象である処分に該当しません（通基通46の2－5）。

3　納税の猶予に伴う審査等

(1)　申請事項等の調査等

　納税の猶予の申請書の提出があった場合には、その猶予該当事実の有無、納税者の現在の資産及び負債の状況並びに今後の収入及び支出の見込み等（「猶予該当事実等」）を明らかにする必要があると税務署長等が認めるとき、これらの申請に係る事項について調査を行います（通46の2⑥）。

　なお、質問及び物件の提示又は提出の要求の内容並びに検査の方法等は、猶予該当事実等を明らかにするために必要であると認められる範囲内に限られます（通基通46の2－8）。

(2) 調査方法

　　税務署長等は、納税の猶予の申請に関する調査のため必要があると認めるときは、その必要な限度で、その職員に、当該申請者に対し口頭又は書面により質問させ、その者の帳簿書類等その他の物件を検査させ又は提示若しくは提出を求めさせることができます（通46の2⑪、通基通46の2－9）。

　➤「その者の帳簿書類その他の物件」とは、

　　納税者の有する金銭出納帳、売掛帳、買掛帳、預金台帳及び領収証書等の猶予該当事実等を明らかにするため必要と認められる一切の帳簿書類（その作成又は保存に代えて電磁的記録の作成又は保存がされている場合における当該電磁的記録を含みます。）その他の物件をいいます（通基通46の2－10）。

　　参考　令和5年度税制改正では、上記質問・検査に加え、当該物件（その写しを含みます。）の提示若しくは提出を求めさせ、その他物件又は当該調査において提出された物件を留め置かせることができることとされました（通46の2⑪）。
　　　(注)　この改正は、令和6年1月1日以後に提出される物件又は同日以後に申請される納税の猶予について適用されます。

(3) 猶予の許否等、申請事項についての調査に係る質問検査権

　　税務署長等は、一般的な納税の猶予の申請書の提出があった場合には、当該申請に係る事項について調査を行い、納税の猶予若しくはその猶予の期間を延長し、又はその納税の猶予若しくはその猶予の延長を認めないこととされています（通46の2⑥）。このため、その調査をするため必要があると認めるときは、その必要な限度で、その職員に、申請者に質問させ、またはその者の帳簿書類その他の物件を検査させることができることとされています（通46の2⑪）。

4 猶予申請の不許可

　税務署長等は、申請書の提出があった場合において、その申請者に国税通則法第46条第１項から第３項まで又は第７項（納税の猶予の要件等）の規定に該当していると認められるときであっても、次のいずれかに事実が認められるときには、その猶予の申請を**不許可**とします（通46の２⑩）。

不許可事由

① 繰上請求事由＊に該当する事実がある場合において、その者が猶予に係る国税を猶予期間内に完納することができないと認められるとき。

※ 国税通則法第38条第１項各号に定める「繰上請求事由」をいいます。

② 納税者が、徴収職員による質問に対して答弁せず、若しくは偽りの答弁をし、又は同項の規定による検査を拒み＊、妨げ、若しくは忌避＊したとき。

※ 「拒み」とは、言語又は動作で検査を承諾しないこと、「妨げ」とは、検査に障害を与えること、「忌避」とは、積極的行動によらないで検査の対象から免れることをいいます（通基通46の２－６）。

③ 不当な目的で納税の猶予の申請がされたとき、その他その申請が誠実にされたものではないとき。

　➤ 納税の猶予の申請が不許可又はみなし取下げとなった後、同一の国税について再度猶予の申請がされたとき（新たな猶予該当事実などが発生するなど、その申請に正当な理由があるときを除きます。）などが該当します（通基通46の２－７）。

5 納税者等に対する通知

(1) 納税の猶予等の通知

　税務署長等は、納税の猶予の申請があった場合には、猶予すべきか否かを決定し、その旨を納税者に**通知**しなければなりません（通47①）。

　この猶予を認めた場合には、猶予に係る金額、猶予期間その他分割納付の場合の分割金額及び分割納付期限等必要な事項（納税の猶予の適用条項、

提供された担保の内容等）を納税者に通知しなければなりません（通47
①）。また、納税の猶予を認めないときも同様です（通47②）。

> ➢ 納税の猶予をし、又はその期間を延長したとき（国税通則法第46条第９項《納税の猶予》の規定により分割納付期限及び分割納付金額を変更したときを含みます。）は、納税者のほか、保証人又は担保財産の所有者（納税者を除きます。）に対し、同法第47条第１項に掲げる事項を通知します（通基通47－１）。

(2) 不許可の通知

　納税の猶予又はその猶予の延長を認めないときは、納税者のほか、保証人又は担保財産の所有者（納税者を除きます。）に対し、その旨を**通知**します（通基通47－３）。

　㊟　不許可通知に対しては、不服申立てができます。

[16] 納税の猶予の効果（猶予制度活用によるメリット）

納税の猶予が認められた場合、どのような効果があるのですか。例えば、猶予期間中の延滞税が免除されますか。

納税の猶予が認められた場合のその効果として、①新たな督促及び滞納処分の制限、②差押えの解除、③差押財産の果実等の換価及び充当、④時効の完成猶予及び更新、⑤延滞税の免除などがあります。

納税の猶予の効果
①新たな督促及び滞納処分の禁止
②差押えの解除
③差押財産の果実等の換価及び充当
④時効の完成猶予及び更新
⑤延滞税の免除

解説

納税の猶予の効果には、次に掲げるようなものがあります。

1　新たな督促及び滞納処分の禁止

納税の猶予の期間中は、その猶予した国税について、次に掲げる場合には、新たに督促及び滞納処分をすることができません。ただし、猶予期間中であっても交付要求（参加差押えを除きます。）を行い、交付を受けた配当金をその猶予に係る国税に充てることができます（通48①、通基通37－3、48－1、48－3、徴基通47－16）。

①納税の猶予の許可が督促前であるとき…**督促及び滞納処分**
②納税の猶予の許可が督促後であるとき…**滞納処分**
③納税の猶予の許可が滞納処分着手後であるとき…**その後の滞納処分及び新たな滞納処分**

(注) 納税者に対し積極的に督促又は滞納処分をすることを制限することが猶予の本質的効果であることから、猶予期間中であっても猶予に係る国税について交付要求をすることができるここされています。

　一方、参加差押えは、単なる交付を求める手続ではなく、併せて差押手続を行い、その差押えの効果として、先行する差押えが解除されたときには、参加差押えの時に遡って差押えの効果が生じるものであることから、これをすべきではないとされています（通基通48－1）。

2　差押えの解除

　税務署長等は、納税の猶予をした国税について、既に差し押さえた財産があるときは、納税者の申請により、その差押えを解除することができます（通48②）。

　例えば、納税者が差押財産の解除を申請した場合において、次のような場合は、その申請に係る差押えを解除することができます（通基通48－2）。

① 担保の価額と差押財産の処分予定価額が未納の猶予に係る国税の額を著しく超過することとなった場合
② 差押えを継続することにより納税者の事業の継続又は生活に維持に支障がある場合
③ 国税徴収法第51条第1項の規定により他の適当な担保の提供があった場合

3　差押債権及び果実の換価等の特例

(1)　天然果実等の換価等

　猶予に係る国税について差し押さえた財産のうちに、天然果実を生ずるもの又は有価証券、債権若しくは無体財産権等があるときは、これらの天然果実又は第三債務者から給付を受けた財産のうち金銭以外ものに滞納処

分を執行し、その換価代金等を猶予に係る国税に充てることができます（通48③）。

なお、第三債務者等が任意に履行しない場合においては、この猶予期間中であっても第三債務者等に対し、支払督促の申立て、強制執行等による強制的な履行を請求することができます（猶予取扱要領11参照）。

(2) 第三債務者等からの給付を受けた金銭の充当

猶予期間中、債権差押えに伴い第三債務者等から給付を受けた財産が金銭であるときは、その金銭を猶予に係る国税に充てることができます（通48④）。また、交付要求に基づき交付を受けた金銭は、猶予期間内であっても、猶予に係る国税に充てることができます。

なお、還付金等及び還付加算金がある場合は、猶予期間中であってもその猶予に係る国税に充当しなければなりませんが、国税通則法第46条第1項並びに第2項第1号及び第5号（第1号に類するもの）の規定による納税の猶予をしている場合には、その猶予期間中は充当することができず、納税者に還付することとしています（通令23①ただし書、猶予取扱要領15）。

4 時効の完成猶予及び更新

徴収権の消滅時効は、猶予申請書が提出された場合には、その申請書に係る国税の納税義務の承認があったと認められ、その提出の時から、その国税の徴収権の時効が新たに進行します（通72③、民152①、通基通72-6）。

また、納税の猶予をした場合における国税の徴収権の時効は、その猶予に係る部分の国税（その国税に併せて納付すべき延滞税を含みます。）については、その猶予されている期間内は進行せず、その期間が終了した時から進

行します。すなわち、猶予期間が終了した時から5年間行使しないことによって時効により消滅します（通73④、通基通48－4、通基通73－1）。

時効進行	時効不進行 (4.12.1～5.11.30)		時効進行期間5年
	納税の猶予の申請 ▼ 令和4.12.1	猶予期間を経過した日 ▼ 令和5.12.1	
	更新　←　　猶予期間　　→　更新		

> 申請と時効の更新… 納税の猶予の申請がなされた場合、その申請が承認（民152①）に当たるため、猶予の許可の有無にかかわらず、申請に係る税額について時効が更新されます（通72③）。

5　延滞税の免除

猶予期間中の延滞税は、国税通則法第63条の規定により、全額又は2分の1に相当する金額を免除しなければなりません。

相当な損失による納税の猶予（通46①）　…全額免除（通63①）
一般的な納税の猶予
　├─ 災害等　　　　　（通46②一、二）　…全額免除（通63①）
　├─ 事業の休廃止等　（通46②三、四）　…1/2免除（通63①）
　└─ 確定手続の遅延　（通46③）　　　　…1/2免除（通63①）

☞　後述「〔49〕納税の猶予等の場合の延滞税の免除」参照

第3節 一般的な納税の猶予

[17] 納税の猶予と猶予期間の延長

国税通則法第46条第2項による「災害等に基づく納税の猶予」の適用を受けましたが、その猶予期間内では納付できない状況にあります。この場合、この猶予期間の延長はできますか。

国税通則法第46条第2項又は第3項の規定により納税の猶予をした場合において、この猶予期間内に、やむを得ない理由により猶予金額を納付できないと認められるときは、納税者の申請により猶予期間を延長することができます。ただし、その延長できる期間は、既に猶予が認めた猶予期間と合わせて2年を超えることができません。

納税者からの延長申請　⇨　納税の猶予延長申請書

解説

1　一般的な納税の猶予をした場合の猶予期間の延長

　災害等による納税の猶予（通46②）又は確定手続の遅延に基づく納税の猶予（通46③）をした場合において、この猶予した期間内にその猶予した金額を納付することができないやむを得ない理由があると税務署長等が認めるときは、納税者の申請により、猶予期間を延長することができます。ただし、その延長を認める期間は、すでにその者につき猶予を認めた猶予期間と合わせて2年を超えることができません（通46⑦）。

　（注）「やむを得ない理由」とは、納付できない理由が納税者の責めに帰すことができない理由をいいます。

第2章　納税の猶予制度

《図示》　猶予期間の延長

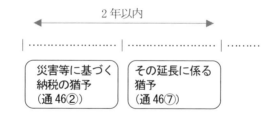

❖　延長後の最終月の分割納付額

　国税通則法第46条第7項の要件を満たす場合（国税徴収法第152条第3項又は第4項において準用する場合を含みます。）において、納付能力調査の結果、延長後の猶予期間内に納付することができないと認められる金額があるときはその納付することができないと認められる金額を延長後の猶予期間の最終月の分割納付金額（下図⑫）とするものとして取り扱われています（猶予取扱要領51）。

〈事例〉　滞納税額135万円　猶予期間12月（1年）

　　➪　延長税額75万円（毎月5万円、最終20万円）

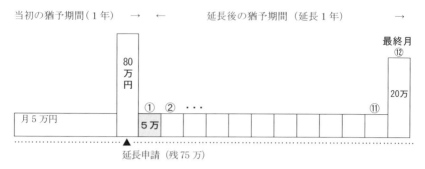

❖　再度の延長

　国税通則法第46条第7項の規定に基づく猶予期間の延長（下図①）は、同項のただし書の制限期間の2年を超えない限り、再度の延長（再延長、下図②）もすることができます。

第3節　一般的な納税の猶予

《図示》

```
←      1年      →  ←      1年      →
|………当初の猶予期間………|………………………………|………………
                    |…①延長…|②再延長|
```

❖ 猶予期間の計算

　国税通則法第46条第7項の規定による「これらの規定により納税の猶予をした期間とあわせて2年」とは、同条第3項の規定により「課税手続の遅延に基づく納税の猶予」をし、その猶予期間中にその猶予をした税額につき同条第2項の「災害等に基づく納税の猶予」を認めた場合には、これらの項の規定による猶予期間を通算して延長すべき期間とあわせて2年の期間の制限を判断すべきではなく、それぞれ、各項の規定による納税の猶予期間のみをあわせて判断すべきものと解されます。

《図示》

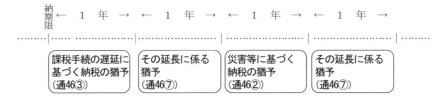

❖ 国税通則法第46条第1項による「相当な損失による納税の猶予」の場合

　「相当な損失による納税の猶予」（通46①）の場合は、猶予期間の延長はできませんので、国税通則法第46条第2項又は第3項の規定による猶予申請を行って下さい。

2　納税の猶予の期間延長の申請手続

(1) 納税の猶予期間延長申請

　納税の猶予を受けている者で、その猶予期間内に猶予に係る国税を<u>納付することができないやむを得ない理由がある</u>ときは、税務署長等に**「納税**

の猶予期間延長申請書」の提出によりにより猶予期間の延長申請を行います。

納税者からの延長申請　⇨　納税の猶予延長申請書

☞　［納税の猶予延長申請書様式・記載要領］参照

> 「やむを得ない理由があると認めるとき」とは、おおむね次に掲げる事情がある場合をいいます（通基通46－16）。

① 納税の猶予をした時において予見できなかった事実*の発生により、例えば、予定していた入金がなかったため、猶予金額を猶予期間内に納付できなかった場合や臨時の支出*を行ったため、猶予金額を猶予期間内に納付できなかった場合
② 納税の猶予をした時において、猶予に係る国税の完納までに要する期間が1年を超えると見込まれた場合であって、納税者の資力がその猶予をした時に見込んだ状態でおおむね推移していると認められる場合

(注) 上記の**「予見できなかった事実」**とは、納税者の責めに帰することができない理由により生じた事実に限ります。また、**「臨時の支出」**とは、事業の継続又は生活の維持のため必要不可欠なものに限ります。

❖ この「猶予期間の延長の申請」に当たっては、e-Taxにより猶予を申請することができます。また、スマートフォン・タブレットをご利用の方は「e-Taxソフト（SP版）」から、パソコンをご利用の方は「e-Taxソフト（WEB版）」からもご利用できます。

❖ 猶予期間延長申請書の提出の勧奨

猶予税額がその猶予期間である1年以内の完納が見込まれないことにより、1年を超える部分の金額を猶予期間の最終日の分割納付金額（下

図⑫）としているものについては、猶予期間が終了する前のおおむね1月以内に、適宜の方法により納税者と接触してその実情を確認し、延長申請が必要であると見込まれる者に対しは、猶予期間延長申請書の提出を勧奨するものとして取り扱われています（猶予取扱要領50）。

〈例〉 滞納税額100万円 猶予期間12月（1年）

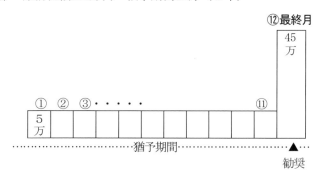

(2) 延長申請書の添付書類

　延長申請書の添付書類として、猶予を受けようとする金額が100万円以下の場合には、「財産収支状況書」を、猶予を受けようとする金額が100万円超の場合には、「財産目録」、「収支の明細書」及び担保を提供する必要があります。

第2章　納税の猶予制度

［18］　納税の猶予の取消し

納税の猶予期間中において、当初予定していた分割納付の履行ができない場合は、納税の猶予が取り消されることはありますか。

納税の猶予期間中において、分割納付に係る分納額を納付期限までに納付できないなどの一定の事由が生じたときは、税務署長等は、その猶予を取り消し又は猶予期間を短縮することができます。

なお、取消し事由によっては、滞納者からの弁明を徴して、取消し又は短縮が行なわれます。

取消事由　⇨　弁明聴取　⇨　取消し　⇨　通知

|解説|

1　取消事由

納税の猶予期間中において、猶予を受けた者に次に掲げるような事由が生じたときは、税務署長等は、その猶予を取り消し又は猶予期間を短縮することができます（通49①）。

《納税の猶予の取消事由》

取消事由		弁明の聴取
	①繰上請求をすべき事由（通38）が生じたとき	
	②分割納付に係る分納額をその納付期限までに納付できないとき	
	③増担保、担保の変更に応じないとき	
	④新たに猶予に係る国税以外に滞納したとき	
	⑤偽りその他不正な手段により申請がなされたことが判明したとき	
	⑥財産状況その他の事情変化により猶予の継続が不適当となったとき	

2　取消手続

納税の猶予の取消しに当たっては、上記取消事由の「①繰上請求すべき事

由」以外の上記②から⑥までの取消事由においては納税者からの弁明の聴取を行います。その結果、納税の猶予を取り消し、又は猶予期間を短縮をしたときは、その旨を納税者に通知します。

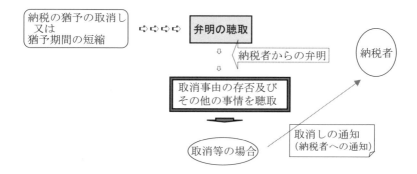

(1) **弁明の聴取**

上記1の猶予取消事由の②から⑥までにより納税の猶予を取り消す場合には、その手続の慎重を期するため、あらかじめ、猶予を受けた者の弁明を聞かなければなりません（通49②）。ただし、正当な理由がなく弁明をしないとき、例えば、災害、病気による入院等、納税者の責めに帰することができないと認められる理由がないにもかかわらず弁明をしないとき（通基通49-6）などは、その弁明を聞かないで取り消すことができます。

なお、弁明を聴取する場合は、事前に、納税者に対し、「納税の猶予の取消し（期間短縮）に対する弁明を求めるためのお知らせ」が送付されます。

(注)「納税の猶予の取消し（期間短縮）に対する弁明を求めるためのお知らせ」において、弁明を聴取する期限を指定し、また、その指定日までに納税者から連絡等がない場合は、「正当な理由がなく弁明しないとき」に該当するものとして、弁明を聴取することなく猶予の取消し又は猶予期間の短縮をすることとしています。

第2章　納税の猶予制度

```
┌弁明聴取の趣旨┐  ①納税者の権利保護
                  ②恣意的に取消しを行うことのないよう手続の適正
                    化の保護
```

➤ 「弁明を聞く」とは
　　納税の猶予を受けた者に対して取消事由の存否及びその事績を聴取することですが、税務署長等がその取消処分等の要否を判断するに当たっては、その者の弁明内容に必ず従わなければならないわけではなく、その弁明内容をよく勘案して判断します。

　(注)　弁明の聴取は、口頭又は書面のいずれの方法によっても差し支えないとされていますが、口頭による場合には、その聴取した内容を明確に記録しておくこととしています。

(2)　納税者への通知

　税務署長等は、納税の猶予を取り消し、又は猶予期間を短縮をしたときは、その旨を納税者に通知します（通49③）。

➤ 保証人への通知、国税通則法基本通達第49条関係7参照

3　猶予の取消しの効果

　納税の猶予の取消しは、猶予の効果が将来に向かってなくなるため、直ちに猶予した金額の徴収を行い、又は停止していた滞納処分を続行し、担保があるときは担保の処分を行います。

```
┌猶予の取消しの効果┐ … 滞納処分の続行
                         担保の処分
```

> **参考裁決** 弁明聴取に関する裁決等

　相続税の延納許可の取消処分は、聴取した弁明に係る事情を考慮して行われた適法な処分であるとした事例（平成18年2月14日裁決、裁決事例集No.71－641頁）

第2章　納税の猶予制度

（納税の猶予申請書）

（出典：国税庁ホームページ、筆者一部修正）

(注)　上記①～⑦は、後述「記載要領」の番号を示します。

第3節　一般的な納税の猶予

（「納税の猶予申請書」の記載要領）

「納税の猶予申請書」に、次に掲げる書類を添付して提出します。

（納税の猶予申請書の添付書類）

- 災害等により納付困難となった場合
  …………「猶予該当事実があることを証する書類」
- 納税の猶予を受けようとする金額が100万円以下
  …………「財産収支状況書」
  〃　100万円を超える場合
  …「財産目録」、「収支の明細書」

《記載要領》

1　「国税通則法第46条第__項第__号（第5号の場合、第　号類似）の規定により、以下のとおり納税の猶予を申請します。」欄

下線部に適用条項を記載します。適用条項は、次のとおり猶予申請の内容ごとに異なります。

災害等により納付困難となった場合の納税の猶予	納税者がその財産につき、震災、風水害、落雷、火災その他の災害を受け、又は盗難にあったこと	国税通則法第46条第2項1号
	納税者又はその者と生計を一にする親族が病気にかかり、又は負傷したこと	国税通則法第46条第2項第2号
	納税者がその事業を廃止又は休止したこと	国税通則法第46条第2項第3号
	納税者がその事業につき著しい損失を受けたこと	国税通則法第46条第2項第4号
	納税者に上記4つの猶予該当事実のいずれかに類する事実があったこと	国税通則法第46条第2項第5号（第5号の場合、第●号類似）（＊）

本来の期限から1年を経過した後に納付すべき国税が確定した場合の納税の猶予	申告納税方式による国税（申告所得税、法人税、消費税等）	国税通則法第46条第3項第1号
	賦課課税方式による国税（酒税等）	国税通則法第46条第3項第2号
	源泉徴収による国税（源泉所得税）	国税通則法第46条第3項第3号

(注) ＊●には、類似する号の号数を記載します。

2 「納付すべき国税」欄

納税の猶予をするときに、未納となっている国税の全てを記載します。

延滞税については、本税の金額を納付していないときは、「要」と記載します。

「備考」欄には、国税の年分、事業年度、課税期間又は月分を記載し、納税の猶予を受けようとするものに〇印を付けます。

〈記載例〉　令和5年4月分の源泉所得税…「令和5年4月分」
　　　　　令和5年3月期の消費税及び地方消費税…「令和5年3月期」
　　　　　令和5年3月期の法人税…「令和5年3月期」

3 「④納税の猶予を受けようとする金額（②－③）」欄

「納付すべき国税」の合計額から「財産収支状況書」の「2　現在納付可能資金額」欄の「現在納付可能資金額(A)」を差し引いた金額を記載します。

※　猶予を受けようとする金額が100万円を超える場合には、「財産目録」の「4　現在納付可能資金額」欄の「③現在納付可能資金額（①－②）(D)」を差し引いた金額を記載します。

なお、災害等により納付困難となった場合の納税の猶予を受けようとする場合は、猶予該当事実があったことにより納税者が支出し、又は損失を受けた金額（＊）が、猶予の認められる限度額となります。

＊　支出又は損失に対応して受領した保険金、補償金、賠償金等がある場

合には、その受領した金額を支出し、又は損失を受けた金額から差し引きます。

《記載例》

250,000円 － 50,000円 ＝ 200,000円（①）
(納付すべき国税の合計額) (現在納付可能資金額) (納付を困難跡する金額)

620,000円 － 320,000円 ＝ 300,000円（②）
(治療費及び入院費) (受領した保険金) (猶予該当の事実があったことによる支出、損失)

300,000円（②） ＞ 200,000円（①） ⇒ 200,000円
(猶予該当の事実があったことによる支出、損失) (納付困難とする金額) (この欄に記載する金額)

＊ 上記のように、「納付を困難とする金額」が「猶予該当事実があったことによる支出又は損失」の金額を下回る場合は、「納付を困難とする金額」の金額を納税の猶予を受けようとする金額としてこの欄に記載します。

4 「猶予該当事実の詳細」欄

　災害等により納付困難となった場合の納税の猶予を申請する場合には、猶予該当事実の詳細を記載します。

　なお、本来の期限から１年を経過した後に納付すべき国税が確定した場合の納税の猶予の申請をする場合には、記載する必要はありませんが、やむを得ない理由（＊）により猶予を受けようとする国税の納期限後に申請書を提出する場合は、そのやむを得ない理由をこの欄に記載します。

※　この場合の「やむを得ない理由」とは、
　その猶予を受けようとする国税を納付すべきことを知ったときから納税の猶予の申請書及び添付書類の作成のために通常必要と認められる期間（おおむね１か月程度）内に納税の猶予の申請書が提出されたことその他納税者の責めに帰することができないと認められる理由をいいます。

第2章　納税の猶予制度

5　「一時に納付することができない事情の詳細」欄

猶予該当事実があったことにより、納税者が資金の支出をし、又は損失を受け、その支出又は損失があることが一時に納付することができないことの原因になっている事情の詳細を具体的に記載します。

《記載例》

該当事実	「猶予該当事実の詳細」欄	「一時に納付することができない事情の詳細」欄
災害等	令和○年9月○日、台風○号により、店舗が床上浸水となった。そのため、店舗の復旧までの間、営業を行うことができなかった。	店舗の床上浸水のため、復旧して営業を再開するまで10日間を要した。そのため、その間の売上利益に相当する50万円が、猶予該当事実があったことによる損失となっている。
病気・負傷	令和○年9月に交通事故に遭い、同月から3か月間○○病院に入院し、その後も通院している。	○○病院に治療費及び入院費として、令和○年9月から令和□年2月までの間に合計89万円を支払い、××生命保険から保険金26万円を受領しているため、差引金額である63万円が、猶予該当事実があったことによる支出となっている。
事業の休廃止	近隣に大型店舗が進出したことにより、令和○年1月から9月までの売上が前年比70％減となるなど業績が著しく悪化したため、令和○年10月に従業員を全員解雇し、衣料品販売業を廃業した。	廃業に伴い、在庫商品を原価割れで売却したことによる損失67万円及び従業員3人を解雇した際に支払った退職金の合計135万円を合わせた202万円が、猶予該当事実があったことによる支出又は損失となっている。
事業上の著しい損失	令和○年3月期は250万円の利益があったが、令和○年6月から主要取引先である○○社からの受注がなくなったこと等から、令和□年3月期は150万円の損失となってしまった。	令和□年3月期の損失150万円のうち、令和○年3月期の利益金額250万円の2分の1の金額125万円を超える部分である25万円が、猶予該当事実があったことによる損失となっている。

本来の期限から1年を経過した後に納付すべき国税が確定した場合	原則として記載不要（やむを得ない理由により猶予を受けようとする国税の納期限後に申請書を提出する場合は、そのやむを得ない理由を記載します。）	納付すべき税額30万円のうち、納期限までに納付できる金額は5万円のみであり、残額25万円については、一時に納付することができない。

6 「猶予期間」欄

この欄には、「猶予期間の開始日」（＊）から「納付計画の最終日」及びその期間を記載します。

> ＊ 「猶予期間の開始日」とは、通常は申請書を提出する日ですが、次に掲げる場合にはそれぞれの日となります。
> ・ 申請書を提出する日が猶予を受けようとする国税の法定納期限以前である場合には、法定納期限の翌日が「猶予期間の開始日」となります。
> ・ 災害等のやむを得ない理由により、申請書を提出できなかった場合は、申請書を提出した日かかわらず、猶予該当事実が生じた日を「猶予期間の開始日」とすることができます。

7 「担保」欄及び「担保財産の詳細又は提供できない特別の事情」欄

この欄の記載方法については、「換価の猶予申請書」の「担保」欄及び「担保財産の詳細又は提供できない特別の事情」欄の記載方法の説明と同様です。

（出典：国税庁ホームページ、筆者一部修正）

第2章　納税の猶予制度

(財産収支状況書)

(出典：国税庁ホームページ、筆者一部修正)

(注)　上記1～4は、後述「記載要領」の番号を示します。

第3節　一般的な納税の猶予

（「財産収支状況書」の記載要領）

《記載要領》

1　「2　現在納付可能資金額」欄

この欄では、申請書を提出する日現在において、直ちに納付することができる金額を計算します。

① 現金及び預貯金等	② 預貯金等の種類	③ 預貯金等の額	④ 納付可能金額	⑤ 納付に充てられない事情			
現　金	—	80,000円	80,000円	□運転資金	□生活費	□その他	
○○銀行　△△支店	普通	70,000円	0円	☑運転資金	□生活費	□その他	
××信用金庫　△△支店	当座	120,000円	0円	☑運転資金	□生活費	□その他	
株式会社○○　上場株式50株	—	100,000円	100,000円	□運転資金	□生活費	□その他	
		現在納付可能資金額（A）	180,000円 ⑥				

① 「**現金及び預貯金等**」欄には、申請書を提出する日現在の預貯金等がある金融機関等の名称・支店名、上場株式などの売却が容易な財産の名称・数量を記載します。

② 「**預貯金等の種類**」欄には、預貯金について、普通、当座、定期、貯蓄等の種類を記載します。

③ 「**預貯金等の額**」欄には、申請書を提出する日現在の自宅や事務所等に保管している手持ち現金の金額及び預貯金等の金額を記載します。

④ 「**納付可能金額**」欄には、納付することができる金額を記載します。

⑤ 「**納付に充てられない事情**」欄には、預貯金等の額のうち、納付に充てられない事情がある場合に、当てはまる事情にチェック（☑）を付けます。

・ 「□運転資金」には、申請書を提出する日からおおむね1か月以内（以下「計算期間」といいます。）（＊）の事業に係る支出（下記2イ①）に充てる必要があるときにチェックを付けます。

・ 「□生活費」には、納税者が個人である場合で、計算期間（＊）に支出する生活費（下記2イ②）に充てる必要があるときにチェックを付けます。

・ 「□その他」にチェックを付けた場合には、その事情を〔　〕内に具体的に記載します。

> * 申請書を提出する日から1か月以内において、最も資金手当てが必要になる日までの期間とすることができます。
>
> なお、収入などの状況により、計算期間を超える期間のために資金手当てをしておかなければ事業の継続又は生活の維持が困難となるときは、その所要資金の額も対象とすることができます。

⑥ 「現在納付可能資金額(A)」欄には、「納付可能金額」欄の合計額を記載します。「現在納付可能資金額(A)」欄の金額は、直ちに納付に充てることができる金額であるため、できるだけ速やかに納付してください。

なお、<u>納付がない場合は、猶予が不許可となることがあります</u>ので、ご注意ください。

② 「3　今後の平均的な収入及び支出の見込金額（月額）」欄

猶予期間中における月単位の平均的な収入及び支出の見込金額を記載します。

この欄で計算した「③納付可能基準額（①－②）」を基に「4分割納付計画(B)」欄を記載します。

ア　「収入」欄

売上収入その他の経常的な収入を全て税込金額で記載します。

（納税者が個人の場合には、給与収入や報酬も含めて記載します。）

イ　「支出」欄

① 事業に係る支出

仕入、給与・役員給与（人件費）、家賃等、諸経費、借入返済その他の支出を記載します。

なお、これらの支出は、事業の継続のために真に必要と認められるものに限られるため、例えば、次に掲げるようなものは認められないことに留意してください。

・　不要不急の財産の取得のための支出

・　期限の定めのない債務の弁済のための支出

※　減価償却費など、実際に支払を伴わない費用などは「支出」に該当しません。

また、給与、報酬などの支出の見込金額は、源泉徴収する所得税等を差し引いた金額を記載してください。

② **生活費（納税者が個人の場合のみ）**

納税者及び納税者と生計を一にする配偶者その他の親族の生活費として、次のＡ又はＢのいずれかの方法により計算した金額を記載します。

なお、納税者と生計を一にする配偶者その他の親族の中に生活費を負担している人がいる場合には、その人の負担額を次のＡ又はＢのいずれかの方法により計算した金額から減算します。

Ａ　納税者及び納税者と生計を一にする配偶者その他の親族の生活費として、㋑納税者本人につき100,000円、㋺生計を一にする配偶者その他の親族１人につき45,000円、㋩手取り額（＊）から㋑及び㋺を差し引いた金額の100分の20に相当する金額（又は㋑及び㋺の合計額の２倍に相当する額のいずれか少ない金額）の合計額（以下「基準額」といいます。）。

なお、納税者及び納税者と生計を一にする配偶者その他の親族の年齢、所有資産、健康状態などの事情を勘案して、養育費、教育費、治療費など生活の維持のために必要不可欠な支出として、基準額を超える金額の生活費を見込む必要がある場合には、必要最低限の所要資金の額を基準額に加算することができます。

＊　「手取り額」とは、給与所得者については、直近の１か月分の給与収入から源泉所得税、地方税及び社会保険料等を控除した金額、個人事業者及び不動産所得者のうち青色申告者については、直近の年分の確定申告における青色申告決算書における青色申告特別控除前の所得金額、白色申告者については、直近の年分の確定申告にお

ける収支内訳書における専従者控除前の所得金額に相当する計算期間における額をいいます。

なお、複数の所得がある場合は、それぞれの所得金額について計算した額の合計です。

B　実際に支払った食費、家賃、水道光熱費などの金額を具体的に把握している場合は、それらの金額のうち、生活費として通常必要と認められる金額を積算した金額。

《【備考】欄の記載例》

（Aの方法により計算した場合）

（給与収入（手取り額）35万円、4人家族（納税者本人、妻、子2人）の場合）

納税者は、妻及び子2人を扶養しているが、妻にはパートによる給与収入が月5万円程度ある。

また、納税者は、病気のため定期的に病院へ通院しており、月に15,000円程度の医療費を支払っている。

100,000円 ㋑ ＋ （45,000円 × 3人） ㋺ ＝ 235,000円(a)
（納税者本人の生活費）（納税者と生計を一にする親族の生活費）

235,000円(a) + {(350,000円 − 235,000円(a)) × 20/100} ㋩ ＝ 258,000円
　　　　　　　　　　（手取り額）　　　　　　　　　　　　　　　　（基準額）

258,000円 ＋ 15,000円 − 50,000円 ＝ 223,000円
（基準額）　（医療費）　（妻の給与収入）　（生活費）

生活費をAの方法により計算した場合には、上記の記載例のように、基準額を求める計算式のほか、基準額に加算又は減算するものがある場合にその理由を【備考】欄に記載します。

（Bの方法により計算した場合）

Bの方法により計算した場合には、その積算した食費、家賃、水道光熱費などの金額の内訳を【備考】欄に具体的に記載します。

第3節　一般的な納税の猶予

③ 「4　分割納付計画(B)」欄

この欄には、「3　今後の平均的な収入及び支出の見込金額（月額）」欄の「③納付可能基準額①－②）」を基に具体的な納付計画を記載します。この欄に記載した納付計画は、申請書の「⑤納付計画」欄に転記します。

ア　「月」欄

猶予期間中の全ての月を記載します。

イ　「分割納付金額」欄

猶予期間中の各月における納付金額は、「3　今後の平均的な収入及び支出の見込金額（月額）」欄の「③納付可能基準額（①－②）」に記載した金額とします。ただし、臨時的な収入若しくは支出等がある月又は納付積立てを行う月において、納付可能基準額よりも増額又は減額した金額により納付する場合には、その増額又は減額した金額を記載します。

ウ　「増減理由」欄

「分割納付金額」欄の金額を納付可能基準額よりも増額又は減額した金額としている月について、その増額又は減額した理由を記載します。

《記載例》

（臨時的な収入）	（臨時的な支出）
・　借入による入金（○○円）のため。 ・　貸付金の回収による入金（○○円）のため。	・　家屋の修繕費（○○円）の支出のため。 ・　○○税の納付（○○円）のため。

また、猶予期間中（後）に納期限が到来する租税を納付するために積立てを行う場合は、「納付積立金額」欄にその積立金の額を記載し（＊）、「備考」欄にその積立金の内容（納付する租税等、金額、時期）を記載します。

＊　積立てを取り崩して納付に充てる場合は、その納付額（金額の前に「▲」を付けます。）を記載します。

④ 「5　財産等の状況」欄

ア　「(1)　売掛金・貸付金等の状況」欄

売掛金・貸付金等について、売掛先等の名称、住所、金額、回収予定

日（手形の場合は支払期日）、種類及び回収方法を記載します。

売掛先等の名称・住所		売掛金等の額	回収予定日	種類①	回収方法②
A建築株式会社	○○市△△町×-×-×	500,000 円	○○・8・25	売掛金	振込み
有限会社○○工務店	○○市△△町×-×-×	180,000 円	○○・9・10	売掛金	小切手
株式会社××ホーム	○○市△△町×-×-×	50,000 円	○○・10・25	貸付金	現金

① 「種類」欄には、売掛金、貸付金、未収金等の種類を記載します。

② 「回収方法」欄には、現金、振込み、手形、小切手等の回収方法を記載します。

イ 「(2) その他の財産の状況」欄

不動産、国債・株式等の有価証券及び車両など、所有している財産の種類、数量、所在地等を記載します。

また、「その他（保険等）」欄には、敷金、保証金、保険等の財産を記載します。

なお、速やかに売却して納付に充てることができるものとして、「2 現在納付可能資金額」欄に記載した財産については、この欄に記載する必要はありません。

不動産等	資材置き場用土地（○○市△△町××）	国債・株式等	△△株式会社（関連会社）　未上場株式1株
車両	業務用車両1台 （ミニバン、△△330あ○○○○、ローン有）	その他 （保険等）	○○生命保険

ウ 「(3) 借入金・買掛金の状況」欄

借入先等の名称、借入総額、月額返済額、返済終了（支払）年月、追加借入の可否及び担保提供財産等を記載します。

借入先等の名称	借入金等の金額	月額返済額	返済終了（支払）年月	追加借入の可否	担保提供財産等
○○リース	800,000 円	15,000 円	△△年 3月	可 ⊙否	
○○銀行△△支店	9,600,000 円	80,000 円	△△年 5月	可 ⊙否	資材置き場用土地（○○市△△町××）
		①	②	③	④

① 「月額返済額」欄には、毎月の平均的な返済額を記載します。

② 「返済終了（支払）年月」欄には、借入金の返済が終了する、又は買掛金等を支払う年月を記載します。
③ 「追加借入の可否」欄には、借入の枠が残っているなど、追加借入ができる場合は「可」に、できない場合は「否」に○印を付けます。
④ 「担保提供財産等」欄には、借入等のために抵当権を設定しているものなど、担保として提供している財産等を記載します。

（出典：国税庁ホームページ、筆者一部修正）

第2章 納税の猶予制度

(財産目録)

				整理番号				

財　産　目　録

収受印

令和　年　月　日

1 住所・氏名等

住　所 所在地		氏　名 名　称	

2 財産の状況

1　(1) 預貯金等の状況

金融機関等の名称	預貯金等の種類	預貯金等の額	金融機関等の名称	預貯金等の種類	預貯金等の額
手持ち現金	現金	円			円
		円			円
		円	預貯金等合計(A)		円

2　(2) 売掛金・貸付金等の状況

売掛先等の名称・住所	種類	回収予定日	回収方法	売掛金等の額
		・　・		円
		・　・		円
		・　・		円
		・　・		円

3　(3) その他の財産の状況

財　産　の　種　類	担保等	直ちに納付に充てられる金額
国債・株式等	☐	円
不動産等	☐	円
車両	☐	円
その他財産 (敷金、保証金、保険等)	☐	円
	合　計(B)	円

4　(4) 借入金・買掛金の状況

借入先等の名称	借入金等の金額	月額返済額	返済終了(支払)年月	追加借入の可否	担保提供財産等
	円	円	年　月	可・否	
	円	円	年　月	可・否	
	円	円	年　月	可・否	

5　**3 当面の必要資金額**

	項　目	金　額	内　容
支出見込	事業支出	円	
	生活費 (個人の場合のみ)	円	【扶養親族　　人】
	収入見込	円	
(支出見込) − (収入見込)(C)		円	マイナスになった場合は0円

※(C)は、下記4②「当面の必要資金額」欄へ転記

6　**4 現在納付可能資金額**

①当座資金額((A)+(B))	②当面の必要資金額(上記(C)から転記)	③現在納付可能資金額(①−②)(D)
円	円	円

※(D)は、申請書の③「現在納付可能資金額」欄へ転記

(出典:国税庁ホームページ、筆者一部修正)

(注)　上記1〜6は、後述「記載要領」の番号を示します。

第3節　一般的な納税の猶予

(「財産目録」の記載要領)
> 「財産目録」は、猶予を受けようとする金額が100万円を超える場合に「納税の猶予申請書」又は「換価の猶予申請書」に添付して提出する必要があります。

《記載要領》

1　「(1)　預貯金等の状況」欄

この欄には、申請書を提出する日現在における財産の状況を記載します。

金融機関等の名称	預貯金等の種類	預貯金等の額	金融機関等の名称	預貯金等の種類	預貯金等の額
手持ち現金	現金	500,000 円	B信用金庫△△支店	当座	150,000 円
A銀行○○支店	普通	150,000 円			円
A銀行○○支店	当座	500,000 円			円
			預貯金等合計 (A)		1,300,000 円

① 申請書を提出する日現在の、自宅や事務所等に保管している手持ち現金の額を記載します。

② 預貯金等については、金融機関等の名称及び支店名、預貯金等の種類（普通、当座、定期、貯蓄など）及びその金額を記載します。

③ 手持ち現金及び預貯金等の額の合計を「預貯金等合計(A)」欄に記載します。

※　預貯金等のうち、借入の担保になっているものについては、「(3)　その他の財産の状況」欄の「その他財産」欄に記載します。

2　「(2)　売掛金・貸付金等の状況」欄

売掛金・貸付金等について、売掛先等の名称、住所、種類、回収予定日（手形の場合は支払期日）、回収方法及び金額をそれぞれの欄に記載します。

売掛先等の名称・住所		種類	回収予定日	回収方法	売掛金等の額
A機器株式会社	東京都○○区△△町	売掛金	○○・7・10	振込み	1,800,000 円
株式会社B電子工業	埼玉県○○市△△町	売掛金	○○・7・16	手形	1,200,000 円
C精密工業株式会社	愛知県○○市△△町	売掛金	○○・7・25	振込み	1,500,000 円
Dエレクトロニクス株式会社	山形県○○市△△町	貸付金	○○・12・20	振込み	200,000 円

第2章 納税の猶予制度

① 「種類」欄には、売掛金、貸付金、未収金等の種類を記載します。
② 「回収方法」欄には、現金、振込み、手形、小切手等の回収方法を記載します。

3 「(3) その他の財産の状況」欄

財産の種類		担保等	直ちに納付に充てられる金額
国債・株式等	株式会社○○ 上場株式200株	☐	200,000円
不動産等	工場の土地・建物(埼玉県○○市△△町×-×-×)	☑	0円
車両	事業用車両3台	☐	0円
その他財産 (敷金、保証金、保険等)	営業所敷金(1,000,000円)、○○生命保険、 A銀行○○支店(定期預金400,000円)	☑	0円
		合計(B)	200,000円

① 国債・株式等の有価証券、不動産等、車両など所有している財産をそれぞれの欄ごとに具体的に記載します。
　また、「その他財産」欄には、敷金、保証金、保険等のほか、預貯金等のうち、借入の担保になっているものを記載します。ただし、1「(1) 預貯金等の状況」欄に記載した財産は、記載する必要はありません。
② 「担保等」欄には、記載した財産に抵当権等の担保権が設定されている場合にチェック（☑）を付けます。
③ 「直ちに納付に充てられる金額」欄には、記載した財産のうち、現金化することが容易で、直ちに納付に充てられる財産の金額を記載し、その合計金額を「合計(B)」欄に記載します。

4 「(4) 借入金・買掛金の状況」欄

（⇒「財産収支状況書」の4「5　財産等の状況」欄のウ「(3) 借入金・買掛金の状況」欄をご覧ください。）

第3節　一般的な納税の猶予

5　「3　当面の必要資金額」

項　目		金　額	内　容
支出見込	事業支出	5,500,000円	仕入代金1,500,000円＋給与850,000円＋役員給与650,000円＋工場修繕費1,500,000円＋借入金返済450,000円＋諸経費348,000円＋社会保険料等202,000円
	生活費 (個人の場合のみ)	円	【扶養親族　　　人】
収入見込		4,500,000円	事業収入（取引先3社からの売掛金回収額） ・A機器株式会社（東京都○○区△△町）　・株式会社B電子工業（埼玉県○○市△△町） ・C精密工業株式会社（愛知県○○市△△町）
(支出見込)－(収入見込)　(C)		1,000,000円	マイナスになった場合は0円

ア　「事業支出」欄

　申請書を提出する日からおおむね1か月以内（以下「計算期間」といいます。）（＊1）に支出する事業の継続のために必要不可欠な金額（＊2）及びその主な内容を記載します（⇒「財産収支状況書」の2「3　今後の平均的な収入及び支出の見込金額（月額）」欄のイ「支出」欄の「①事業に係る支出」をご覧ください。）。

※　納税者が給与所得者、年金所得者などの事業を行っていない個人である場合は、この欄の金額は0円となります。

> ＊1　申請書を提出する日から1か月以内において、最も資金の手当てが必要になる日までの期間とすることができます。
> ＊2　計算期間を超える期間における支出であっても、そのために資金の手当てをしておこなわれなければその事業を継続することができなくなるような支出については、必要最小限度の範囲内でこの欄の金額に含めることができます。

イ　「生活費」欄（納税者が個人の場合のみ）

　計算期間に支出する納税者及び納税者と生計を一にする配偶者その他の親族の生活費として、次のA又はBのいずれかの方法により計算した金額（＊1、2）を記載します。

　A　納税者及び納税者と生計を一にする配偶者その他の親族の生活費として、㋑納税者本人につき100,000円、㋺生計を一にする配偶者その他の親族1人につき45,000円、㋩手取り額（＊3）から㋑及び㋺を差

し引いた金額の100分の20に相当する金額（又は㋑及び㋺の合計額の2倍に相当する額のいずれか少ない金額）の合計額（以下「基準額」といいます。）。

　なお、納税者及び納税者と生計を一にする配偶者その他の親族の年齢、所有資産、健康状態などの事情を勘案して、養育費、教育費、治療費など生活の維持のために必要不可欠な支出として、基準額を超える金額の生活費を見込む必要がある場合には、必要最低限の所要資金の額を基準額に加算することができます。

B　実際に支払った食費、家賃、水道光熱費などの金額を具体的に把握している場合は、それらの金額のうち、生活費として通常必要と認められる金額を積算した金額。

＊1　収入などの状況により、計算期間を超える期間のために資金手当てをしておかなければ生活を維持することができなくなるような場合には、その超える期間のための必要最低限の範囲内で、A又はBのいずれかの方法により計算した金額に加算することができます。
＊2　納税者と生計を一にする配偶者その他の親族の中に生活費を負担している人がいる場合には、その人の負担額をA又はBのいずれかの方法により計算した金額から減算します。
＊3　「手取り額」についての取扱いは、109ページと同様です。

《生活費の「内容」欄の記載例》

（Aの方法により計算した場合）

（給与収入（手取り額）35万円、4人家族（納税者本人、妻、子2人）の場合）

　納税者は、妻及び子2人を扶養しているが、妻にはパートによる給与収入が月5万円程度ある。また、納税者は、病気のため定期的に病院へ

> 通院しており、月に15,000円程度の医療費を支払っている。
>
> 100,000円㋑　　＋　（45,000円×3人）㋺＝235,000円(a)
> （納税者本人の生活費）　（納税者と生計を一にする親族の生活費）
>
> 235,000円(a)＋｛（350,000円－235,000円(a)）×20/100｝㋩＝258,000円
> 　　　　　　　　（手取り額）　　　　　　　　　　　　　　　　（基準額）
>
> 258,000円＋15,000円－50,000円　＝　223,000円
> （基準額）　（医療費）（妻の給与収入）　　　（生活費）

　生活費をAの方法により計算した場合には、上記の記載例のように、基準額を求める計算式のほか、基準額に加算又は減算するものがある場合にその理由を「内容」欄に記載します。

（Bの方法により計算した場合）

　Bの方法により計算した場合には、その積算した食費、家賃、水道光熱費などの金額の内訳を「内容」欄に具体的に記載します。

　　ウ　「収入見込」欄

　　　計算期間に入金予定の事業収入、給与収入、その他の収入金額及びその主な内容（給与収入の場合は支給者の名称・所在地、事業収入の場合は取引先の名称・所在地等）を記載します。

　　エ　「（支出見込）－（収入見込）(C)」欄

　　　支出見込額から収入見込額を控除した金額（マイナスの場合は、0円とします。）を記載し、この欄の金額を6「4　現在納付可能資金額」欄の「②当面の必要資金額（上記(C)から転記）」欄に転記します。

6　「4　現在納付可能資金額」欄

　ア　「①当座資金額（(A)＋(B)）」欄

　　次の金額の合計額を記載します。

　　(ｱ)　「(1)　預貯金等の状況」欄の「預貯金等合計(A)」欄の金額

　　(ｲ)　「(3)　その他の財産の状況」欄の「合計(B)」欄の金額

　イ　「②当面の必要資金額（上記(C)から転記）」欄

　　上記5「3　当面の必要資金額」欄のエ「（支出見込）－（収入見込）

(C)」欄の金額を記載します。

ウ 「③現在納付可能資金額（①－②）(D)」欄

　「①当座資金額（（A）＋（B））」欄の金額から「②当面の必要資金額（上記(C)から転記）」欄の金額を差し引いた金額を記載します。

　「③現在納付可能資金額（①－②）(D)」欄の金額は、直ちに納付に充てることができる金額であるため、できるだけ速やかに納付してください。

　なお、納付がない場合は、猶予が不許可となる場合がありますので、ご注意ください。

（出典：国税庁ホームページ、筆者一部修正）

第3節　一般的な納税の猶予

（収支の明細書）

(収受印)

| | 整理番号 | | | | | |

収　支　の　明　細　書

令和　　年　　月　　日

1　住所・氏名等

住　所 所在地		氏　名 名　称	

2　直前1年間における各月の収入及び支出の状況

|1|

年　月	①総収入金額	②総支出金額	③差額(①-②)	備　　　考
年　　月	円	円	円	
年　　月	円	円	円	
年　　月	円	円	円	
年　　月	円	円	円	
年　　月	円	円	円	
年　　月	円	円	円	
年　　月	円	円	円	
年　　月	円	円	円	
年　　月	円	円	円	
年　　月	円	円	円	
年　　月	円	円	円	
年　　月	円	円	円	

|2|

3　今後の平均的な収入及び支出の見込金額（月額）

区　　　　　分	見込金額	区　　　　　分	見込金額
収入	円	支出	円
	円		円
	円		円
	円		円
	円		円
	円		円
	円	生活費（扶養親族　　人）	円
①　収　入　合　計	円	②　支　出　合　計	円
③　納付可能基準額（①-②）（A）	円	※（A）は、裏面7①「納付可能基準額」欄へ転記	

【備考】

(注)　上記|1|～|2|は、後述「記載要領」の番号を示します。

第2章 納税の猶予制度

③ 4 今後1年以内における臨時的な収入及び支出の見込金額

	内容	年 月	金額
臨時収入		令和　年　月	円
		令和　年　月	円
		令和　年　月	円
		令和　年　月	円
		令和　年　月	円
臨時支出		令和　年　月	円
		令和　年　月	円
		令和　年　月	円
		令和　年　月	円
		令和　年　月	円

④ 5 今後1年以内に納付すべきことが見込まれる国税及び地方税等（B） ※(B)は、下記7⑤「納付額」欄へ転記

年　月	税目	金額	年　月	税目	金額
令和　年　月		円	令和　年　月		円
令和　年　月		円	令和　年　月		円
令和　年　月		円	令和　年　月		円
令和　年　月		円	令和　年　月		円

⑤ 6 家族(役員)の状況

続柄(役職)	氏名	生年月日	収入・報酬（月額）（専従者給与を含む）	職業・所有財産等
		年　月　日	円	
		年　月　日	円	
		年　月　日	円	
		年　月　日	円	

⑥ 7 分割納付年月日及び分割納付金額

納付年月日（C）	①納付可能基準額	②季節変動等に伴う増減額	③臨時的入出金額	国税等 ④積立額	国税等 ⑤納付額	⑥分割納付金額(D) ①+②+③-④-⑤
令和　年　月　日	円	円	円	円	円	円
令和　年　月　日	円	円	円	円	円	円
令和　年　月　日	円	円	円	円	円	円
令和　年　月　日	円	円	円	円	円	円
令和　年　月　日	円	円	円	円	円	円
令和　年　月　日	円	円	円	円	円	円
令和　年　月　日	円	円	円	円	円	円
令和　年　月　日	円	円	円	円	円	円
令和　年　月　日	円	円	円	円	円	円
令和　年　月　日	円	円	円	円	円	円
令和　年　月　日	円	円	円	円	円	円
令和　年　月　日	円	円	円	円	円	円

※③欄は、上記4「今後1年以内における臨時的な収入及び支出の見込金額」欄を基に、納付年月日における臨時的入出金額の合計額を記載
※(C)及び(D)は、申請書⑤「納付計画」欄へ転記

（出典：国税庁ホームページ、筆者一部修正）

（注）　上記③～⑥は、後述「記載要領」の番号を示します。

第3節　一般的な納税の猶予

（「収支の明細書」の記載要領）

　「収支の明細書」は、猶予を受けようとする金額が100万円を超える場合に、「納税の猶予申請書」又は「換価の猶予申請書」に添付して提出する必要があります。

《記載要領》

① 「2　直前1年間における各月の収入及び支出の状況」欄

　申請書を提出する日の直前1年間における各月ごとの「①総収入金額」、「②総支出金額」及び「③差額（①－②）」を記載します。

　また、「③差額（①－②）」欄の金額がマイナスのときは、金額の前に「▲」を付けます。

　なお、臨時的な収入や支出があった月については、「備考」欄にその理由を記載します。

《「備考」欄の記載例》

- ・事業用車両の売却代金として30万円の臨時的な収入があった。
- ・製造用機械の故障による修繕費として300万円の臨時的な支出があった。

※　月次決算又は毎月の収支計算を行っていない場合は、直前の事業年度の決算に基づき記載して差し支えありません。

② 「3　今後の平均的な収入及び支出の見込金額（月額）」欄

　猶予期間中における月単位の平均的な収入及び支出の見込金額を税込金額で記載します。

　（⇒108ページ「3　今後の平均的な収入及び支出の見込金額（月額）」欄をご覧ください。）

③ 「4　今後1年以内における臨時的な収入及び支出の見込金額」欄

　今後1年以内における臨時的な収入及び支出の見込金額を税込金額で記載

します。

《「臨時収入」欄》

例えば、不要不急資産の売却、新規借入や貸付金の回収等による臨時的な収入が見込まれる場合に、その内容、年月及び金額を記載します。

臨時収入	Dエレクトロニクス株式会社への貸付金の回収	令和 〇〇 年 12 月	200,000 円
		令和　年　月	円
		令和　年　月	円
		令和　年　月	円
		令和　年　月	円

《「臨時支出」欄》

例えば、事業の継続のためのやむを得ない設備・機械の購入等による臨時的な支出が見込まれる場合に、その内容、年月及び金額を記載します。

臨時支出	電子部品用組立て機械の老朽化による新規購入費用	令和 〇〇 年 6 月	450,000 円
	工場施設内の電気設備の定期点検費用	令和 △△ 年 2 月	200,000 円
		令和　年　月	円
		令和　年　月	円
		令和　年　月	円

④ 「5　今後1年以内に納付すべきことが見込まれる国税及び地方税等(B)」欄

今後1年以内に納付すべきことが見込まれる国税、地方税、社会保険料等について、その納付すべきこととなる年月、税目及び金額をそれぞれの欄に記載します。

年　月	税目	金額	年　月	税目	金額
令和〇〇 年 6 月	固定資産税	50,000 円	令和△△ 年 1 月	源泉所得税	120,000 円
令和〇〇 年 7 月	源泉所得税	120,000 円	令和△△ 年 1 月	固定資産税	50,000 円
令和〇〇 年 9 月	固定資産税	50,000 円	令和△△ 年 3 月	固定資産税	50,000 円
令和〇〇 年 11 月	消費税及び地方消費税（中間分）	1,740,000 円	令和△△ 年 5 月	消費税及び地方消費税（確定分）	1,740,000 円

※　月ごとに納付する源泉所得税や社会保険料などは「3　今後の平均的な収入及び支出の見込金額（月額）」欄の「支出」欄に記載します。

5 「6　家族（役員）の状況」欄

納税者が法人の場合

全ての役員について、その役職、氏名、生年月日、月の報酬額及び所有財産等を記載します。

※　報酬額は、源泉徴収する所得税等を控除する前の金額を記載してください。

《事例の場合》

続柄（役職）	氏　名	生年月日	収入・報酬（月額）（専従者給与を含む）	職業・所有財産等
代表者	甲野　一郎	昭和××年 11 月 15 日	350,000 円	
取締役	乙田　次郎	昭和××年 8 月 26 日	300,000 円	
		年　月　日	円	
		年　月　日	円	

納税者が個人の場合

生計を一にする親族について、続柄、氏名、生年月日、収入金額（専従者給与を受けている場合は、その金額）、職業及び所有財産等を記載します。

※　収入金額の欄は、源泉徴収される所得税等を控除する前の金額を記載してください。

《記載例》

続柄（役職）	氏　名	生年月日	収入・報酬（月額）（専従者給与を含む）	職業・所有財産等
母	国税　春	昭和××年 11 月 15 日	120,000 円	年金受給者土地、建物（○○市△△町）
妻	国税　花子	昭和××年 8 月 26 日	180,000 円	事業専従者
長男	国税　一郎	平成××年 10 月 22 日	0 円	大学生
次男	国税　次郎	平成××年 4 月 12 日	0 円	高校生

第2章 納税の猶予制度

6 「7　分割納付年月日及び分割納付金額」欄

　ア 「納付年月日(C)」欄

　　猶予期間中の各月の納付年月日を記載します。

　イ 「①納付可能基準額」欄

　　「3　今後の平均的な収入及び支出の見込金額（月額）」欄の「③納付可能基準額（①−②）(A)」欄に記載した金額を転記します。

　ウ 「②季節変動等に伴う増減額」欄

　　「2　直前1年間における各月の収入及び支出の状況」欄のほか、例年の収支状況を基に、「3　今後の平均的な収入及び支出の見込金額（月額）」欄で算出した「③納付可能基準額（①−②）(A)」と比較し、季節変動等に伴う増減額を記載します。

　　なお、減額する場合には、金額の前に「▲」を付けます。

　エ 「③臨時的入出金額」欄

　　「4　今後1年以内における臨時的な収入及び支出の見込金額」欄を基に、納付年月における臨時的入出金額の合計額を記載します。

　　なお、減額する場合には、金額の前に「▲」を付けます。

第3節　一般的な納税の猶予

《事例の場合》

○「4　今後1年以内における臨時的な収入及び支出の見込金額」欄

（「臨時収入」欄に記載した事項）
・令和○○年12月
　Dエレクトロニクス株式会社への貸付金の回収
　200,000円

（「臨時支出」欄に記載した事項）
・令和○○年6月
　電子部品用組立て機械の老朽化による新規購入費用
　450,000円
・令和△△年2月
　工場施設内の電気設備の定期点検費用
　200,000円

○「③臨時的入出金額」欄
・令和○○年6月　　▲450,000円
・令和○○年12月　　200,000円
・令和△△年2月　　▲200,000円

納付年月日（C）	③臨時的入出金額
令和○○・6・30	▲450,000円
令和○○・7・31	円
令和○○・8・31	円
令和○○・9・30	円
令和○○・10・31	円
令和○○・11・30	円
令和○○・12・31	200,000円
令和△△・1・31	円
令和△△・2・28	▲200,000円
令和△△・3・31	円
・　・	円

オ　「国税等」欄

「④積立額」欄には、「5　今後1年以内に納付すべきことが見込まれる国税及び地方税等(B)」欄に記載した国税等を納付するために積立てを行う金額を記載します。

また、その積立てを取り崩して納付に充てる場合は、その納付額（金額の前に「▲」を付けます。）を記載します。

「⑤納付額」欄には、「5　今後1年以内に納付すべきことが見込まれる国税及び地方税等(B)」欄に記載した、納付年月における国税等の納付見込額を転記します。

第2章　納税の猶予制度

《事例の場合》

○「5　今後1年以内に納付すべきことが見込まれる国税及び地方税等」欄
- 令和〇〇年 6月　固定資産税　　　　　　　　50,000円
- 令和〇〇年 7月　源泉所得税　　　　　　　 120,000円
- 令和〇〇年 9月　固定資産税　　　　　　　　50,000円
- 令和〇〇年11月　消費税及び地方消費税(中間分)　1,740,000円
- 令和△△年 1月　源泉所得税　　　　　　　 120,000円
- 令和△△年 1月　固定資産税　　　　　　　　50,000円
- 令和△△年 3月　固定資産税　　　　　　　　50,000円
- 令和△△年 5月　消費税及び地方消費税(確定分)　1,740,000円

○「国税等」欄
- 令和〇〇年 6月　　　50,000円
- 令和〇〇年 7月　　 120,000円
- 令和〇〇年 9月　　　50,000円
- 令和〇〇年11月　1,740,000円
- 令和△△年 1月　　 170,000円
- 令和△△年 3月　　　50,000円
- 令和△△年 5月　1,740,000円

納付年月日（C）	国税等 ④積立額	⑤納付額
令和〇〇・6・30	300,000円	50,000円
令和〇〇・7・31	300,000円	120,000円
令和〇〇・8・31	300,000円	円
令和〇〇・9・30	300,000円	50,000円
令和〇〇・10・31	300,000円	円
令和〇〇・11・30	300,000円　▲1,800,000円	1,740,000円
令和〇〇・12・31	100,000円	円
令和△△・1・31	円	170,000円
令和△△・2・28	円	円
令和△△・3・31	100,000円	50,000円
・　・	円	円
・　・	円	円

カ　「⑥分割納付金額(D)（①＋②＋③－④－⑤）」欄

　　各月ごとに、「①納付可能基準額」欄の金額に「②季節変動等に伴う増減額」欄の金額及び「③臨時的入出金額」欄の金額を加算し、「④積立額」欄及び「⑤納付額」欄の金額を減算した金額を記載します。

　　なお、最終の納付年月日の「⑥分割納付金額(D)（①＋②＋③－④－⑤）」欄には、「〇〇〇円（本税の残額）＋延滞税」と記載します。

（出典：国税庁ホームページ、筆者一部修正）

第3節　一般的な納税の猶予

（納税の猶予期間延長申請書）

納税の猶予期間延長申請書

税務署長殿

国税通則法第46条第7項の規定により、以下のとおり納税の猶予期間の延長を申請します。

（出典：国税庁ホームページ）

第2章　納税の猶予制度

（「納税の猶予期間延長申請書」の記載要領）

《記載要領》
1　目　的
　「納税の猶予期間延長申請書」は、通則法第46条第7項の規定により、納税の猶予期間の延長を申請する場合に使用してください。

2　「申請者」欄
　郵便番号、住所（又は所在地）、電話番号、携帯電話及び氏名（又は名称）を記載してください。
　なお、申請者が法人である場合は、その代表者の住所及び氏名を併せて記載するとともに、「法人番号」欄に法人番号を記載してください。

3　「申請年月日」欄
　申請書を提出する日を記載してください。

4　「納税の猶予期間延長申請税額」欄
　猶予期間の延長を受けようとする国税の年度、税目、納期限及び金額を記載し、「備考」欄にその国税の年分、事業年度、課税期間又は月分を記載してください。

5　「猶予期間内に猶予を受けた金額を納付することができない理由」欄
　納税の猶予期間内に猶予を受けた国税を納付することができない理由を、具体的に記載してください。

6　「納付計画」欄
　「財産収支状況書」の「4　分割納付計画」欄の「分割納付金額」（猶予を受けようとする金額が100万円を超える場合は、「収支の明細書」の「7　分割納付年月日及び分割納付金額」欄の「納付年月日」及び「⑤分割納付金額（①＋②＋③－④）」）を転記してください。

7　「延長期間」欄
　延長期間の始期（当初の猶予期間の終期の翌日）及び終期（納付計画の最終日）並びにその期間を記載してください。

8　「担保」欄
　猶予期間の延長を受けるに当たり、新たに担保を提供する必要がある

場合には「☐有」に、新たに担保を提供する必要がない場合は「☐無」にチェックを付けてください。

※　猶予を受けようとする場合には、原則として担保を提供することが必要です。ただし、次の①から④のいずれかに該当する場合には、新たに担保を提供する必要はありませんので、「☐無」にチェックを付けてください。

①既に担保を提供している場合

②猶予を受ける金額（未確定の延滞税を含みます。）が100万円以下である場合

③猶予を受ける期間が３か月以内である場合

④担保を提供することができない特別の事情（国税通則法により担保として提供することができることとされている種類の財産がないなど）がある場合

9　「担保財産の詳細又は提供できない特別の事情」欄

担保として提供する財産の種類、数量、価額及び所在等を記載してください。

※　上記8①、②又は③に該当するときは、「―」を記載し、上記8④に該当するときは、担保を提供することができない特別の事情を記載してください。

10　「添付する書類欄」

申請書に添付する書類にチェックを付けてください。

(出典：国税庁ホームページ)

第3章

換価の猶予制度

第1節　換価の猶予制度

[19] 換価の猶予制度の概要

　国税を一時に納付することにより生活の維持が困難にするおそれがあるときは、換価の猶予という制度があると聞いていますが、それはどのような制度ですか。
　また、納税の猶予とは、どのように異なりますか。

　「換価の猶予」とは、国税を一時に納付することにより事業の維持又は生活の維持困難にするおそれがあると認められる場合に、滞納処分により財産を換価すること又は一定の財産を差し押さえることを猶予するものであり、この猶予制度には、納税者からの申請に基づいて認められる猶予（「申請による換価の猶予」）と税務署長等の職権により認められる猶予（「職権による換価に猶予」）があります。
　これは滞納処分段階において行われる猶予制度で、滞納処分における執行の緩和に重点がある制度として、国税徴収法に規定されています。一方、納税の猶予は、滞納処分手続開始前から行われる猶予制度で、災害、事業の休廃止等の猶予該当事実に基づき納付困難となった税額についてのその納税の緩和に重点が置かれその適用範囲も広く、国税通則法に規定されています。

　換価の猶予　……　申請による換価の猶予（徴151）
　　　　　　　　　　職権による換価の猶予（徴151の2）

第1節　換価の猶予制度

> **解説**

　国税徴収法に規定する猶予制度には、税務署長等が滞納者に対する滞納処分を行う中で、滞納者に一定の事由（例えば「生活維持・事業継続困難」等）がある場合に、滞納処分により財産を換価すること又は一定の財産を差し押さえることを1年の範囲内で猶予するもので、税務署長等の職権により行う「職権による換価の猶予」（徴151）と納税者が自ら猶予該当事実の発生に基づき行う「申請による換価の猶予」（徴151の2）があります。

1　換価の猶予制度（沿革）

　換価の猶予制度は、下記(1)の「**職権による換価の猶予**」のほか、平成26年度税制改正において、下記(2)の「**申請による換価の猶予**」が新たに設けられました。

　　(換価の猶予)　…………　職権による換価の猶予　＋　申請による換価の猶予
　　　　　　　　　　　　　　　　　　　　　　　　　　　　　（平成26年度追加）

(1)　職権による換価の猶予

　納税者の滞納国税について、滞納処分を執行すれば、納税者の事業の継続若しくは生活の維持を困難とするおそれがあるか又は滞納処分を執行するよりも一定期間猶予することが有利である場合において、一定期間内は、滞納処分の執行を猶予し、納税者の事業の継続又は生活の維持に配慮しつつ国税の弾力的な徴収を図るため、税務署長等が職権をもって行う「**職権による換価の猶予**」という制度があります（徴151）。

　　　　　　　　　　☞　後述「第3節　職権による換価の猶予」参照

(2)　申請による換価の猶予

　平成26年度税制改正において新たに「申請による換価の猶予」制度が設けられました。

　これは滞納者がその国税を一時に納付することにより、その事業の継続

又はその生活の維持を困難とするおそれがあると認められる場合において、その者が納税について誠実な意思を有すると認められるときは、その国税の納期限から6月以内にされるその者の申請に基づき、1年以内の期間に限り、その納付すべき国税について換価を猶予するものです（徴151の2）。

> ➢ この制度は、税務署長等の職権で行われる「職権による換価の猶予」と異なり、滞納者の申請に基づきなされるという点に大きな特徴があり、猶予制度の活用を促進するとともに、滞納の早期段階で計画的な納付の履行を確保する観点から、原則として、毎月の分割納付を条件として納税者の申請に基づき換価の猶予をすることができることとされました。

☞ 後述「第2節 申請による換価の猶予」参照

2　納税の猶予との相違点

　換価の猶予は、滞納処分の執行手続の段階において行われる猶予制度で、滞納処分の緩和に重点がある制度として、生活維持及び事業継続困難による一時納付困難という事由により、国税徴収法には、「職権による換価の猶予」（徴151）と「申請による換価の猶予」（徴151の2）制度が規定されています。

　一方、**納税の猶予**（通46）は、換価の猶予による滞納処分の執行段階での猶予と異なり、滞納処分手続の開始前においても、災害等、病気等及び事業の休廃止等の事由により、広く適用される猶予制度で、納期限前からも広く適用されることから、国税通則法に規定されています。

参考　「換価を猶予する」とは

　「換価の猶予」には、差し押さえた財産の公売処分を猶予するという、文字通りの「換価の猶予」だけではなく、滞納者の財産を差し押さえないで差押処分を猶予するという側面があります。
　一連の手続からなる滞納処分において、次の段階に移行しないという「滞納処分の執行を猶予する」制度ともいえます。

第1節　換価の猶予制度

趣旨　換価の猶予制度とは

　換価の猶予制度は、納税者の国税に国税通則法第46条の規定による納税の猶予等を受けている国税を除き、滞納処分を執行すれば、納税者の事業の継続又は生活の維持を困難とするおそれがあるか又は滞納処分を執行するよりもその執行を一定期間猶予することが徴収上有利である場合においては、一定期間内は、滞納処分の執行を猶予し、納税者の事業を継続させ、又は生活を維持させつつ、国税の弾力的な徴収を図ろうとする趣旨により、定められたものです。

[20] 「申請による換価の猶予」と「職権による換価の猶予」の選択

国税徴収法の猶予制度には、「申請による換価の猶予」と「職権による換価の猶予」がありますが、どのような選択を行うべきですか。

「申請による換価の猶予」と「職権による換価の猶予」は、その納付困難事由として生活維持・事業継続困難という猶予該当事実においては、両制度は同じですが、その猶予を認めてもらうために納税者自ら申請を行うのが、「申請による換価の猶予」、また、それを税務署長等の職権で認めてもらうのが「職権による換価の猶予」です。ここに大きな違いがあります。

ただ、「申請による換価の猶予」の場合、自ら申請により積極的な活用ができる反面、申請期限（6月以内の申請）、他に滞納がある場合は適用できないといった制限もあります。

解説

1　両制度の相違点

両制度の大きな違いは、「職権による換価の猶予」は、滞納者への滞納処分を行う過程において、納付困難事由、猶予該当事実の確認と徴収上有利を踏まえ、その猶予適否の判定等を税務署長等自ら職権行われるものであり、一方、申請者自ら申し出る「申請による換価の猶予」は、納税者の申請ベースにより行われることから、下記1の申請期限を設け、また、滞納の早期段階での計画的な履行の確保する観点から下記2の「滞納がないこと」を要件に加えています。

(1) 申請期限

「職権による換価の猶予」は、滞納処分の執行の過程において、要件該当事実に基づき税務署長の職権により行われることから、申請期限はありません。

一方、「申請による換価の猶予」は、猶予制度の活用を促進するとともに、滞納の早期段階で計画的な納付の履行を確保する観点から創設された制度でもあり、納税者自らの早期の申請による早期段階での計画的な納付を求めるためによるものであり、その申請行為と申請期限を設けています。

よって、各猶予制度の要件該当事実が発生した場合、納税者自ら積極的な対応により早期申請を行うか、税務署長等の職権による猶予を許可することを期待するかによります。

❖ 申請期限と滞納処分の関係

申請による換価の猶予（徴151の2）の申請期間（納期限から6月）内であっても、滞納に係る国税につき差押え等の滞納処分をすることは妨げられません（徴基通151の2-6）。

(2) 要件としての「滞納がないこと」

「職権による換価の猶予」は、滞納に至りその滞納処分の段階で、生活維持及び納付困難事由が把握された段階で、その状況に即した分割納付による履行を前提といた猶予制度です。

一方、「申請による換価の猶予」は、滞納発生時において、その早期の段階で計画的な納付の履行を確保するという趣旨から制度設計されていることから、原則として当該申請に係る国税以外に滞納がある場合には適用できないことになっています（徴151の2②）。

2 各制度の関係性

(1) 納税の猶予との関係

ア 申請による換価の猶予では、「国税通則法第46条第1項から第3項ま

で（納税の猶予の要件等）の適用を受けているものを除く」とし、これらの規定により現に納税の猶予（通46）をしている国税については、申請による換価の猶予をしないことをいいます（徴基通151の2－10）。

イ　換価の猶予を受けている国税について、その猶予期間中に、災害等に基づく納税の猶予（通46②）の申請があった場合において、納税の猶予の要件に該当するときは、その換価の猶予を取り消した上で、納税の猶予を適当すると取り扱われています（猶予取扱要領4(7))。

(2) 職権による換価の猶予との関係

申請による換価の猶予（徴151の2）をした国税について、その猶予期間が終了した後、その猶予を受けていた滞納者が職権による換価の猶予（徴151）の要件に該当するときは、その職権による換価の猶予をすることができます（徴基通151の2－11）。

第2節　申請による換価の猶予

[21]　「申請による換価の猶予」の要件等

　「申請による換価の猶予」は、どのような場合に申請することができますか。

　「申請による換価の猶予」とは、次に掲げるような一定の要件に該当した場合に納税者からの申請により行うことができます。

また、この申請に当たっては、当該申請に係る国税以外の国税の滞納がある場合には適用されません。

① 　納付すべき国税を一時に納付することにより、その事業の継続又は生活の維持を困難にするおそれがあると認められること
② 　滞納者が納税について誠実な意思を有すると認められること
③ 　滞納者から納付すべき国税の納期限から6月以内に換価の猶予の申請書が提出されること

|解説|

国税徴収法に規定する猶予制度には、税務署長等が滞納者に対する滞納処分を行う中で、「生活維持・事業継続困難」等の一時納付困難事由に基づき、その職権により行う「職権による換価の猶予」と納税者が自ら猶予該当事実の発生に基づき行う「申請による換価の猶予」があります。

1　猶予の要件等（概要）

この「申請による換価の猶予」をすることができるのは、次に掲げる要件の全てに該当する場合です（徴151の2、152④）。

第3章　換価の猶予制度

猶予の要件等

① 納付すべき国税を一時に納付することにより、その「**事業の継続又は生活の維持を困難**」にするおそれがあると認められること。
② 納税について「**誠実な意思**」を有すると認められること。
③ 納付すべき国税の納期限から **6月以内**に**換価の猶予の申請書**が提出されていること。
④ 原則として、換価の猶予の申請に係る国税以外の「**国税の滞納がない**」こと。
⑤ 納付すべき国税について納税の猶予の適用を受けている場合でないこと。
⑥ 原則として、換価の猶予の申請に係る国税の額に相当する「**担保の提供**」があること。

➤ 「事業の継続又は生活の維持を困難」、「誠実な意思がない」及び「国税に滞納がない」該当要件事実については、後述145頁参照。
➤ 「担保の提供」については、後述160頁参照。

2　申請手続等

(1)　申請書の提出

申請による換価の猶予の申請は、滞納者から納付すべき国税の納期限から6月以内に「**換価の猶予申請書**」を提出します。

☞　「換価の猶予申請書」参照

❖　6月以内の申請

　申請による換価の猶予における申請書の提出については、当該制度の創設趣旨である早期かつ的確な納付の履行を確保する観点からは、あまり長期間の申請を認めることは適当でない一方、可能な限り猶予の活用を促進させるとの観点から、申請を行うために必要な準備期間等を踏まえ、6月以内という申請期限が設けられています。

第2節　申請による換価の猶予

❖ 申請による換価の猶予を受けることができる者（猶予申請者）

　「申請による換価の猶予」を受けることができる者は、国税徴収法第2条第9号《定義》に規定する滞納者ですが、第二次納税義務者や保証人も申請による換価の猶予を受けることができます（徴2六、徴基通2－10参照）。

(注)　①国税通則法第52条第1項《担保の処分》の規定により処分を受ける担保財産の所有者である物上保証人や②国税徴収法第24条第1項《譲渡担保権者からの徴収》の規定の適用を受ける譲渡担保権者は、「申請による換価の猶予」を受けることができる滞納者には含まれません（徴基通151の2－1、151－1）。

(2)　猶予申請書の記載事項、添付書類

　換価の猶予の申請をしようとする者は、次に掲げる事項を記載した**申請書**に、財産目録その他の資産及び負債の状況を明らかにする書類、猶予を受けようとする日前の収入及び支出の実績並びに同日以後の収入及び支出の見込みを明らかにする書類、担保の提供に関する書類を添付し、これを税務署長等に提出しなければなりません（徴151の2③、徴令53①②）。

猶予申請書の記載事項等

①国税を一時に納付することにより事業の継続又は生活の維持が困難となる事情の詳細

②納付すべき国税の年度、税目、納期限又は金額

③納付すべき金額のうち、その納付を困難とする金額

④当該猶予を受けようとする期間

⑤猶予に係る金額を分割して納付する場合の各納付期限及び納付期限ごとの納付金額

⑥猶予を受けようとする金額が100万円を超え、かつ、猶予期間が3月を超える場合には、提供しようとする担保の種類、数量、価額及び所在（その担保が保証人の保証であるときは、保証人の氏名又は居所）その他担保に関し参考となるべき事項（担保を提供することができな

い事情があるときは、その事情）

> 申請書の添付書類

猶予を受けようとする国税の納付すべき国税の納期限から6月以内に「換価の猶予申請書」のほか、次に掲げる書類を添付しなければなりません（猶予取扱要領31(2)）。

猶予税額が100万円以下の場合	猶予税額が100万円超の場合
「財産収支状況書」	・「財産目録」 ・「収支の明細書」 ・担保の提供に関し必要となる書類

(注) 猶予取扱要領31(2)注1－2参照。

☞ 添付書類の記載要領は、前述106～128頁参照

3 他の猶予制度との関係

(1) 納税の猶予との関係

国税通則法第46条第1項から第3項まで（納税の猶予の要件等）の規定により現に納税の猶予をしている国税については、国税徴収法第151条の2に定める「申請による換価の猶予」は行いません（徴基通151の2－10）。

(2) 職権による換価の猶予との関係

「申請による換価に猶予」をした国税について、その猶予期間が終了した後、その猶予を受けていた滞納者が国税徴収法第151条の規定による換価の猶予の要件に該当するときには、同条の規定による換価の猶予をすることができます（徴基通151の2－11）。

| 申請による換価に猶予 > | 職権による換価の猶予 > |

[22] 申請による換価の猶予における該当要件

申請による換価の猶予が適用される要件としての「①事業継続又は生活維持の困難」及び「②納税についての誠実な意思」とは、具体的にはどのような場合をいうのですか。

①は、例えば、滞納者が、滞納税額の納付に充てるためその事業に不要不急の資産の処分や、経費削減等事業経営の合理化を行った後においても、なお国税を一時に納付することにより、事業を休止し、又は廃止させるなど、その滞納者の事業の継続を困難にするおそれがある場合をいいます。

②は、滞納国税の早期完納に向けた経費の節約、借入の返済額の減額、資金調達等の努力が適切になされるなど、現在においてその滞納に係る国税を優先的に納付するという意思を有していることをいいます。

> 申請による換価の猶予
> ①事業継続又は生活維持の困難（徴151の2①）
> ②納税についての誠実な意思（徴151の2①）
> ③他の国税の滞納がない（徴151の2②）

解説

1　申請による換価の猶予の要件

「申請による換価の猶予」の要件として、次に掲げるとおり、国税徴収法第151条の2第1項による要件のほか、同条第2項に掲げる要件があります。

(1) 「事業継続又は生活維持の困難」（徴151の2①）

滞納国税を一時に納付することにより「事業の継続又はその生活の維持を困難にするおそれがある」と認められる場合とは、次に該当するような

場合をいいます。

① 「事業の継続を困難とするおそれがある」とは、事業に不要不急の資産を処分するなど、事業経営の合理化を行った後においても、なお国税を一時に納付することにより、事業を休止し、又は廃止させるなど、その滞納者の事業の継続を困難にするおそれがある場合をいいます（徴基通151の2－3）。

➤ 「事業経営の合理化」とは、例えば事業を縮少することは必ずしも必要ではなく、経営を圧迫している赤字部門を縮少した役員報酬を引き下げたりすることをいいます。

② 「生活の維持を困難にするおそれがある」とは、国税を一時に納付することにより、滞納者の必要最低限の生活費程度の収入が確保できなくなる場合をいいます（徴基通151の2－4）。

➤ 差押財産の換価により滞納者及びその扶養親族の必要生計費に相当する収入を確保することができなくなるような状態に追い込むおそれあるときをいい、また、必要最低限の生計費程度の収入とは、滞納者の扶養親族の数、滞納者の社会的地位、住居所の所在地域等を考慮し、適当と認められる範囲を基準とすることになります（国税徴収法第76条第1項の給与の差押禁止の範囲が参考になるでしょう。）。

(2) 「納税についての誠実な意思」（徴151の2①）

「納税についての誠実な意思」は、滞納者が、申請時、現在においてその滞納に係る国税を優先的に納付する意思を有しているか否かにより判断されます。

この納税についての誠実な意思の有無の判定は、

① 過去において期限内に納付していたこと
② 過去に納税の猶予又は換価の猶予等を受けた場合において確実に分割納付を履行していたこと
③ 滞納国税の早期完納に向けた経費の節約、借入の返済額の減額、資金調達等の努力が適切になされていること

などの事情を考慮して行います。

　また、この場合においては、過去のほ脱の行為又は滞納の事実のみで納税についての誠実な意思の有無を判定するのではなく、現在における滞納国税の早期完納に向けた取組も併せて考慮した上で判定します（徴基通151の2－2、151－2、猶予取扱要領16(3)、20(4)）。

❖　換価の猶予の申請に係る国税につき、換価の猶予の要件及び換価の猶予をする金額について調査した結果、申請に係る税額の一部について換価の猶予を認めることができる場合においては、滞納者に対し、換価の猶予に該当しない部分の税額に相当する金額を、納付の手続に通常要すると認められる期間内に納付するよう指導されることがあります。この場合において、当該期間内に納付しない場合は納税について誠実な意思を有しないものとして、換価の猶予を不許可とされるおそれがあります（猶予取扱要領16(3)（注）１、20(4)参照）。

２　上記１以外の要件等

猶予の申請に係る国税以外の国税の滞納がない（徴151の2②）

　上記１の要件のほか、「申請による換価の猶予」について規定する国税徴収法第151条の2第2項では、「猶予の申請に係る国税以外の国税の滞納がない」ことが、もう一つの要件です。ただし、次に掲げる国税を除きます（徴151の2②、徴基通151の2－9）。

①　納税の猶予又は換価の猶予の申請中の国税
②　現に納税の猶予又は換価の猶予を受けている国税

趣旨

　上記のように、他の国税に滞納がある場合を適用除外とするのは、差押え等を行う滞納国税がありながら、一方他の滞納国税につき猶予をすることは通常では考え難いこと、また、差押え等を行う滞納国税と猶予する滞

第3章 換価の猶予制度

納国税が混在することは事実上も混乱を招き徴収に支障をきたす恐れがあること等が考慮されたものと考えられます。

3 近接して納期限が到来する国税への対応

個人の同年分の申告所得税と消費税、修正申告に係る本税と加算税など、近接して納期限が到来する国税についても滞納となることが見込まれるときは、その近接して納期限が到来する国税についても、合わせて換価の猶予の申請をすることができる取扱いとなっています（猶予取扱要領20(6)）。

 申請による換価の猶予と「既滞納」との関係

1 事例

新たに発生する国税（下図令和5年分所得税B）について、「申請による換価の猶予」を申請（下図申請B）しようとするときに、換価の猶予の申請に係る国税以外の国税の滞納（下図ケース1の「滞納国税A」）がある場合は、「申請による換価の猶予」は適用されません。

しかしながら、現に納税の猶予又は換価の猶予を受けている国税（下図ケース2の「換価の猶予税額A」＊）については、ここにいう「滞納」には含まれないことから、「申請による換価の猶予」の申請ができます。

第2節　申請による換価の猶予

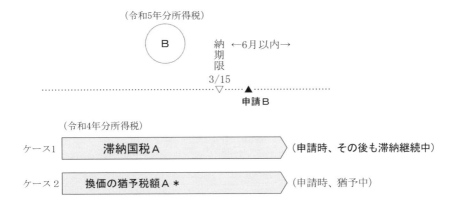

❖ 既に滞納が存している場合（上記「ケース1」の場合）

　新たに発生する税額について、「申請による換価の猶予」を適用するためには、滞納がないことが必要であることから、既に滞納がある場合には、早期に納付して完納するか、職権による換価の猶予を認めてもらい「滞納がない」状態にしておくことが望まれます。

2 「申請による換価の猶予」と滞納税額の有無との関係

　申請による換価の猶予の大きな特徴は、既に滞納となっている税額があるか否かで、その適否に大きな影響があります。

　　(注)　「既滞納」とは、新たに発生した猶予対象税額以外に、既に滞納となっている税額をいいます。

　既滞納・なし　⇨　「申請による換価の猶予」（徴151の2）
　既滞納・あり　⇨　「納税の猶予」（通46①②③）、「職権による換価の猶予」（徴151）
　　　　　　　　　「滞納処分の停止」（徴153）

第3章　換価の猶予制度

(1) 新たな滞納発生に係る猶予

　現在滞納となっている税額（既滞納）がなく、新たに発生する税額についてのみの猶予については、その猶予該当事実に基づいて、「納税の猶予」、「申請による換価の猶予」のいずれにおいても、申請期限内の申請書の提出という・申・請・ベ・ー・ス・で行うことができます。

　㊟　なお、猶予申請期限後は、職権による換価の猶予を検討します。

(2) 既滞納分についての猶予

　一方、既に滞納している者においては、今後、新たに発生する税額については、「申請による換価の猶予」の要件の一つに「他に滞納がないこと」が要件とされていることから、その適用はできません。この場合、税務署長等に猶予の該当事由を申し述べて、職権による換価の猶予を行ってもらうことが望ましいでしょう。

(3) 既滞納分に加え、新たに滞納発生した場合

　猶予該当事由によっては、既滞納部分について職権により換価の猶予を許可してもらえる場合には、新規発生分については、「申請による換価の猶予」の申請も可能となります。

既滞納（A）（令和5年分等） ＋ 新規に滞納発生（B）（令和6年分） ⇔ 「職権による換価の猶予」（A＋B）

　よって、既滞納者において、今後新たに滞納処分が見込まれる場合、事前に既滞納分については「職権による換価の猶予」を税務署長等の職権で猶予を認めてもらう必要があります。

既滞納A ⇨ ①「職権による換価の猶予」 ⇨ ②「申請による換価の猶予」

第2節　申請による換価の猶予

猶予を受けようとする他の国税			
	滞納あり	原則、換価の猶予は不可………………	不可
		例外 ①納税の猶予、申請による換価の猶予申請中……………………… ②納税の猶予、換価の猶予の適用………	可
	滞納なし	………………………………………	

第3章　換価の猶予制度

[23] 猶予期間・分割納付

申請による換価の猶予における「猶予期間」とは、いつからいつまでですか。また、その猶予期間はどのようにして算出されるのですか。

また、その猶予対象となる「猶予金額」は、どのように算定されるのですか。

「申請による換価の猶予」が認められた場合、その猶予期間は、猶予の申請書が提出された日から1年以内の期間に限り、換価の猶予をすることができます。

この猶予期間は、1年を限度として、滞納者の収支、財産の状況その他の事情状況からみて、合理的かつ妥当な金額で分割して納付した場合において、その猶予に係る国税を完納することができると認められる最短期間とします。

── 解説 ────────────────────────

1　猶予期間等

(1)　猶予期間

「申請による換価の猶予」をする期間は、猶予に係る国税の納期限から6月以内にされたその者の申請に基づき、<u>1年以内の期間に限り</u>、換価の猶予をすることとします（徴152①）。

この猶予期間は、1年を限度として、滞納者の収支状況、財産の状況その他の事情状況からみて、その猶予する期間の各月に納付させる金額がそれぞれの月において合理的かつ妥当な金額なもので分割して納付した場合において、その猶予に係る国税を完納することができると認められる最短期間とします（徴基通151の2－7）。

第2節　申請による換価の猶予

趣旨　申請期間の6月以内

　申請による換価の猶予は、早期かつ的確な納付の履行を確保する観点から創設された制度であり、あまり長期間の申請を認めることは適当でない一方、可能な限り猶予の活用を促進させるとの観点から、申請を行うために必要な準備期間等を踏まえ、6か月の申請期限が設けられています。

(注)　地方税法における「申請による換価の猶予」（地15の6）の申請期間は、各地方団体の条例によって異なる場合があります。

(2)　猶予期間の始期等

　猶予期間の始期は、申請期限の6月以内になされた猶予申請においては、その申請書が提出された日（下図B）とします。ただし、その日が申請に係る国税の法定納期限以前の日に提出されたであるときは、法定納期限の日の翌日（下図A）とします（徴基通151の2－8）。

(注)　換価の猶予申請書に記載された猶予期間の終期がその申請書が提出された日よりも前の日であるときは、その換価の猶予を不許可とします。

〈申請による換価の猶予〉

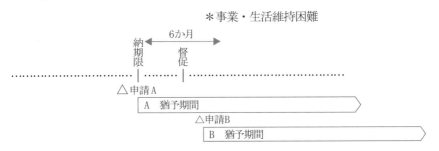

2　猶予に係る金額（猶予金額）

　毎月の分割納付における「猶予に係る金額」は、納付困難とする金額として、次の①の額から②の額を控除した残額を限度とします（徴152①、徴令53③）。

第3章 換価の猶予制度

① 納付すべき国税の金額(徴令53③一)
② 税務署長等が換価の猶予をしようとする日の前日において滞納者が有する現金、預貯金その他換価の容易な財産*1の価額に相当する金額から次に掲げる区分に応じ、それぞれ次に定める額を控除した残額(徴令53③二、「**現在納付可能資金**」)

滞納者が「法人」の場合(A)	滞納者が「個人」の場合(B)
その事業の継続のために当面必要な運転資金の額*2(徴令53③二イ)	その者と生計を一にする配偶者その他の親族の生活の維持のために通常必要とされる費用に相当する金額*3並びにその者の事業継続のために当面必要な運転資金の額(徴令53③二ロ)

*1 「換価の容易な財産」(徴基通152-2参照)
*2 「**事業の継続のために当面必要な運転資金の額**」とは
　「滞納者の納付能力を判定した日からおおむね1か月以内の期間(計算期間)における滞納者の事業継続のために必要不可欠な支出の額」から「その計算期間における事業収支その他の収支に係る金額」を控除した残額をいいます(徴基通152-3参照)。
　㊟ 「事業の継続を困難にするおそれがある」とは、事業に不要不急の資産を処分するなど、事業経営の合理化を行った後においても、なお国税を一時に納付することにより、事業を休止し、又は廃止させるなど、その滞納者の事業の継続を困難にするおそれがある場合をいいます(徴基通151-2-3)。

*3 「**生活の維持のために通常必要とされる費用に相当する金額**」とは
　滞納者の納付能力を判定した日からおおむね1か月以内の期間(計算期間)において支出する滞納者と滞納者と生計を一にする配偶者その他の親族の生活費に相当する金額とされています(徴基通152-4参照)。
　㊟ 「生活の維持を困難にするおそれがある」とは、国税を一時に納付することにより、滞納者の必要最低限の生活費程度の収入が確保できなくなる場合をいいます(徴基通151-2-4)。

参考 「猶予に係る金額」(猶予対象となる税額の限度額)の算定の考え方

　上記②は、「現在納付可能資金」を定めたものです。
　納付可能な金額があるにもかかわらず、滞納国税全額(上記①)を猶予の対象とすることは適当ではないことから、猶予しようとする日の前

日において「滞納者が有する現金、預貯金その他換価の容易な財産の価額に相当する金額」(いわゆる「**当座資金**」)から、「上記②の(A)又は(B)の額」(いわゆる「**つなぎ資金**」)を差し引いた額を「現在納付可能資金」とし、これを「納付すべき国税の金額」(上記①)から差し引いた額を納付を困難とする金額として、「猶予に係る金額」(猶予対象となる税額の限度額)とするものです。

(注) 「換価の猶予申請書」の「③現在納付可能資金額」欄　176頁参照

❖ 換価の猶予における納付能力調査

換価の猶予は、一定期間換価を猶予して、滞納者の事業の継続又は生活の維持に著しい支障をきたさないように配意しながら完納を目指す制度です。

換価の猶予の適用に当たり、分割納付額、猶予期間等を決定するために、滞納者の現在の生活状況、将来の収入金額の推移を踏まえ、**納付能力調査**を行います。

◇ 現在納付能力調査

「現在納付能力調査」は、換価の猶予等におけるその猶予期間の分納額の決定時に、滞納額のうち滞納者が直ちに納付できる金額があるのか、それはいくらの金額があるのかを、税務署長等が調査を行って、直ちに納付できる金額は納付させ、一時に納付できない額については換価の猶予等に該当させるために行うものです。

例えば、納付可能資金の算出に当たり、事業の継続や生活の維持に不必要と認められる資産は処分し、納付資金としますが、一方、現在引き出すことのできる預貯金等の資産があった場合においても、事業の継続や生活の維持に必要な金額については、最小限その留保を認める等の配慮がなされています。

第3章　換価の猶予制度

```
┌─ 現在納付能力調査～現在納付可能金額の計算～ ─┐
```

当座資金	つなぎ資金	
直ちに支払いに充てられるもの	生活や事業の継続のために留保の必要がある資金	《個人の場合》 **食費、家賃、水道光熱費等**、計期間の生活費として通常認めらえる金額
手持現金 当座預金、普通預金等 株式、社債、有価証券 投資信託契約に係る解約金	調査日から1か月における「総収入−総支出」 **現在納付可能資金**	＊国税徴収法第76条を参考とし、養育費、治療費を加算します。

◇　見込納付能力調査

「見込納付能力調査」は、猶予期間及びその各期間における各月の納付予定額等が妥当なものであるかどうかを判定するための調査です。

　猶予対象額について、納税者等の経理内容、記帳状況等に応じて適宜、税務署長等が調査日後の資金収支を見込み、換価の猶予等の申請等に係る国税を完納するまでにかかると見込まれる期間及びその期間内における各月の納付可能金額等を把握した上で、具体的な納付計画を立てることを目的とします。

```
┌─ 見込納付能力調査～見込納付可能金額の計算～ ─┐
```

収　入	支　出
所得 売上−仕入−必要経費 不要不急の資産の売却 借入れ その他資産	生活費 借入金の返済 ローン返済 その他の支出

見込納付可能金額　〜各月の納付可能額

➤　上記「収入」「支出」の算出は、3か月程度の平均をとるか、前年（度）申告を参考に計算。

3 分割納付等

(1) 分割納付

　税務署長等は、換価の猶予をする場合には、原則として、猶予に係る金額につき、その猶予期間内の各月において、滞納者の収支、財産の状況その他の事情からみて合理的かつ妥当なものに分割して納付させなければなりません（徴152①）。ただし、税務署長等がやむを得ない事情があると認めるときは、その猶予期間内の税務署長が指定する月における分割納付とすることができます。

> 「それぞれの月において合理的かつ妥当なもの」とは、
> 　滞納者の資産、負債の状況のほか、収入、支出の見込みなど納付資力に応じて、その滞納者の事業の継続又は生活の維持を困難にすることなく、猶予期間内の各月において納付することができる金額であって、かつ、その猶予に係る国税を最短の期間で完納することができる金額をいいます（徴基通152-7）。

> 「やむを得ない事情があると認めるとき」とは、
> 　分割して納付をしようとする月において、上記「合理的かつ妥当な」金額が算出されないときをいい、この場合において、税務署長等は、換価の猶予をする期間において分割納付金額が算出される月を指定して分割納付をさせるものとします（徴基通152-6）。

参考　「毎月の分割納付」を原則とする考え方

　実務上、猶予が適用されたもののほとんどが月々分割納付されていることを踏まえ、滞納の早期段階での計画的な納付の履行を確保する観点から、猶予に係る国税の額を原則毎月の分割納付を条件とすることとされています。

　ただし、滞納者の収支状況によっては、分割納付をする資金を確保できないと見込まれる月もあり得るため、そのような事情がある場合は、その月を除いて分割納付をすることとしています。

第3章　換価の猶予制度

❖　分割納付（合理的かつ妥当な金額）

　〈事例〉　猶予に係る金額34万円の場合で、猶予期間中の8月、10月には他の税金の支払、11月には、臨時収入が見込まれる場合

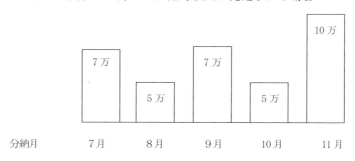

国税徴収法基本通達第152条関係7（合理的かつ妥当な金額）

> 7　法第152条第1項の「それぞれの月において合理的かつ妥当なもの」とは、滞納者の財産の状況その他の事情からみて、滞納者の事業の継続又は生活の維持を困難にすることなく猶予期間内の各月において納付することができる金額であって、かつ、その猶予に係る国税を最短の期間で完納することができる金額をいう。

(2)　猶予期間の1年以内に完納が見込まれない場合の取扱い

　　国税徴収法第151条の2第1項の要件を満たす場合において、納付能力調査の結果、申請による換価の猶予をしようとする国税の完納までに要する期間が1年を超えると認められるときは、猶予期間を1年間とし、1年を超える部分の税額は猶予期間の最終月の分割納付金額として処理します（猶予取扱要領18(4)、22(4)）。

(注)　1年以内に完納が見込まれない場合には、換価の猶予の「納税について誠実な意思」の判定に当たって、滞納国税の早期完結に向けた経費の節約、借入の返済額の減額、資金調達等の努力が適切になされているかどうかについて、的確に判断して行うこととしています。

　　　☞　猶予期間の延長については、「27　猶予期間の延長」170頁参照

第2節　申請による換価の猶予

〈**事例**〉　滞納税額100万円　⇨　猶予期間12月（1年）月々5万円分割納付、最終月45万円

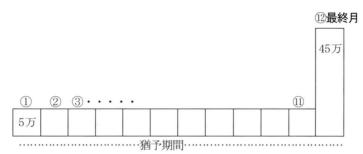

第3章　換価の猶予制度

[24] 申請手続―担保の提供等

猶予申請に伴い担保の提供が必要となった場合、どのような財産が担保として提供できますか。
また、その提供手続は、どのようにすればよいのですか。

国税通則法第50条に定める担保としては、例えば、土地、建物及び保証人などがあります。
また、その提供手続としては、その財産ごとに異なりますが、解説に掲げるような手続が必要となります。

解説

納税緩和制度は、一般に、納税者からの担保の提供を条件として認められています。

本稿で取り上げる納税の猶予（徴46）及び換価の猶予（徴151、151の2）も、原則として納税者の申出に基づき担保を提供することとされています。このように法律に特に規定している場合のほか、租税債権の徴収確保のために担保の提供を命ずることは許されないと解されます。

1　担保の種類

提供が認められる担保の種類は、国税通則法第50条各号に掲げられ、次のようなものがあります。詳しくは、後述「第4章　猶予を伴う担保」を参照して下さい。

・　国債及び地方債
・　社債その他の有価証券で税務署長等が確実と認めるもの
・　土地
・　建物、立木及び登記される船舶並びに登録を受けた自動車並びに登記を受けた建設機械で、保険に付したもの

第2節　申請による換価の猶予

・　鉄道財団、工場財団、鉱業財団等
・　税務署長等が確実と認める保証人の保証

　➤　上記のうち、保証人の保証が「人的保証」、その他は「物的保証」といわれています。

❖　第三者所有の財産（物上保証）

　担保は、納税者が有する財産のほか、納税者が所有する財産のうち適当と認められる財産がない場合には、第三者が所有するものであっても差し支えありません。

　この場合には、当該第三者が担保の提供について同意した旨が記載された担保提供書等必要な書類を提供する必要があります（通令16、通規11）。

2　担保の価額

猶予に伴う担保については、「第4章　猶予に係る担保」で詳述します。

3　担保の提供と差押えの関係

担保を徴する場合において、その猶予に係る国税について差し押さえた財産があるときは、その差押財産は、担保として提供された財産と同様にその猶予金額を担保するものであることから、その差押財産の価額の範囲の金額については、担保を徴することを要しません（通46⑥）。

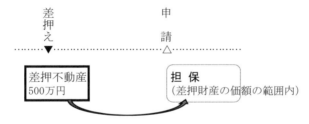

4　担保の提供手続

　担保の提供手続については、「第4章　猶予に係る担保」の「［35］担保の提供手続等」207頁で詳述します。

第2節　申請による換価の猶予

[25] 猶予申請に対する審査等

　申請による換価の猶予の申請を行った場合、税務署長等はどのような審査を行いますか。
　また、その審査期間中に差押えなどの滞納処分を受けることはありますか。

　猶予申請がなされた場合、税務署長等は、猶予申請に必要な書類が提出されているか、必要な事項が記載されているかを確認し、換価の猶予の許可・不許可、猶予を許可するための審査を行います。

|解説|

1　提出された申請書等の審査

　税務署長等は、必要な添付書類が提出されているか、申請書等に必要な事項が記載されているか、申請に係る事項について審査をし、換価の猶予の許可又は不許可を行います。

(1)　申請内容の審査

　税務署等の職員は、申請者に対して、申請書や添付書類に記載された内容（一時に納付することにより事業の継続又は生活の維持が困難となる事情の詳細、財産の状況、収支の実績及び見込み等）についての質問や、関係書類等の提出を求めることがあります（徴152④）。

　㊟　換価の猶予の申請があった場合、又は換価の猶予が許可された場合であっても、督促状が申請者に送付されます。

(2)　申請書等の補正

　　申請に当たって必要となる書類が提出されていない場合や、提出書類の記載に不備がある場合は、税務署等から申請者に対し、電話等により訂正を求められることがあります。

　　また、税務署長等から「補正通知書」が送付された場合において、補正通知書の送付を受けた日の翌日から起算して20日以内に補正されないときは、猶予の申請を取り下げたものとみなされます（徴152、通46の2⑨）。

　㊟　この「みなす取下げ」の通知に対しては、不服申立てをすることができません（通基通46の2－5）。

2　猶予が許可された場合

　換価の猶予が許可された場合には、「換価の猶予許可通知書」が申請者に送付されますので、その通知書に記載された分割納付計画のとおりに納付します。

　なお、税務署等での審査の結果により、①申請書に記載された猶予を受けようとする金額の一部についてのみ許可される場合（一部許可）、②猶予を受けようとする期間よりも短い猶予期間により許可される場合、又は③申請書に記載された分割納付計画と異なる内容の分割納付計画により許可される場合があります。このような許可に不服がある場合は、不服申立てをすることができます。

3　猶予が不許可となった場合

　猶予申請がなされた場合において、次のいずれかに該当するときは、換価の猶予を許可することができません。

　なお、猶予の不許可に不服がある場合は、不服申立てをすることができます。

①　猶予の要件に該当しないとき。
②　申請者について強制換価手続（＊１）が開始されたとき、法人である

申請者が解散したとき、申請者が国税の滞納処分の執行を免れたと認められるときなどにおいて、猶予を受けようとする国税を猶予期間内に完納することができないと認められるとき。

③ 申請者が、猶予の審査をするために税務署の職員が行う質問に対して回答せず、又は帳簿書類等の検査を拒み、妨げ、若しくは忌避したとき（＊2）。

④ 不当な目的で猶予の申請がされたとき、その他その申請が誠実にされたものでないとき（＊3）。

(注)1　「強制換価手続」とは、滞納処分、強制執行、破産手続などをいいます（徴2十二参照）。
　2　「帳簿書類等の検査を拒み、妨げ、若しくは忌避したとき」とは、具体的には、言動や行動で検査を承諾しない場合、検査に障害を与える場合、検査の対象から免れる場合などが該当します。
　3　「申請が誠実にされたものでないとき」とは、猶予の申請が不許可又はみなし取下げとなった後に、同一の国税について再度猶予の申請がされたときなどが該当します。

4　申請期間内の滞納処分

申請による換価の猶予による申請期間（納期限から6月）内であっても、滞納に係る国税につき差押え等の滞納処分をすることは妨げられません（徴基通151の2－6）。

第3章　換価の猶予制度

［26］　換価の猶予の効果（猶予制度活用によるメリット）

「申請による換価の猶予」の活用によるメリット、その効果にはどのようなものがありますか。

職権による換価の猶予とは異なり、納付すべき国税を一時に納付することにより事業の継続又は生活の維持を困難とするおそれがあると判断した場合に、納税者自ら換価の猶予を申し出ることができることにあります。

すなわち、猶予該当事実が発生した場合、滞納者自らの申請に基づき、早期に猶予を受けることができることとなりました。

また、猶予が認められた場合、その猶予の効果としては、延滞税の免除及び換価の禁止などがあります。

換価の猶予の効果　…　①換価の禁止
②換価の禁止の例外
③差押えの解除
④時効の完成猶予及び更新
⑤還付金等及び還付加算金の充当
⑥延滞税の免除

|解説|……………………………………………………………………………

「申請による換価の猶予」（徴151の2）がなされた場合、「職権による換価の猶予」（徴151）と同様に、その効果としては、次に掲げるようなものがあります。

1　換価の禁止

換価の猶予期間中は、その猶予に係る国税につき、差し押さえている財産

の換価をすることはできません（徴151の2①、151①）。

なお、換価の猶予期間中においても、その猶予に係る国税につき督促及び新たな差押えをすることができます（徴基通151の2－12、151－9）。ただし、この場合における差押えは、徴取した担保、若しくは差し押さえた財産の価額の著しい減少により保全措置が不十分となった場合、又は滞納者から新たな財産を提供し、担保の解除若しくは差押換えの申出があった場合など、徴収上特に必要があると認められる場合を除き、原則として、行わないこととしています（猶予取扱要領23）。

➢ **申請期限内の執行**
　換価の猶予の申請期限（納期限から6月）内であっても、滞納に係る国税につき差押え等の滞納処分をすることは妨げられません（徴47①参照、徴基通151の2－6）。したがって、督促や催告によっても納付の意思が認められない場合、又は換価の猶予の申請をする意思を示した滞納者が、申請書及び添付書類を作成するのに通常要すると認められる期間（おおむね1月程度）を経過しても申請をしない場合は、申請書等の作成を困難とするような特段の事情が認められない限り、申請をする意思がないものとして、滞納処分を執行される場合もあります。
　なお、滞納処分を執行した後でもあっても、期限までに換価の猶予の申請があった場合は、改めて猶予の許可又は不許可を判定することとしています（猶予取扱要領23（注）1）。

➢ **猶予と交付要求等**
　換価の猶予をした場合においても、その猶予に係る国税につき、既にした交付要求又は参加差押えを解除する必要はなく、また、新たに交付要求又は参加差押えをし、交付要求に係る受入金をその猶予に係る国税に充てることができます（徴基通第151－10、第151条の2－12、猶予取扱要領23）。

➢ **保証人との関係**
　主たる納税者の国税につき換価の猶予をした場合であっても、その国税の保証人又は第二次納税義務者に対して納付通知書若しくは納付催告書を発し、又は滞納処分をすることは妨げられません。ただし、換価については、国税通則法第52条第5項《担保の処分》又は国税徴収法第32条第4項《第二次納税義務の通則》の規定による制限があります（通基通第52－7、徴基通第32－19、猶予取扱要領23）。

第3章　換価の猶予制度

2　換価の禁止の例外

　換価の猶予に係る国税につき差し押さえた財産のうち、天然果実を生ずるもの又は有価証券、債権若しくは、第三債務者等のある無体財産権等がある場合の猶予期間中における取扱いについては、次のとおりです（徴152④、通48③、④参照）。

ア　取得した天然果実又は第三債務者等から給付を受けた財産が金銭以外のものである場合には、その財産につき滞納処分を執行し、国税徴収法第129条《配当の原則》の規定に従い、その換価代金等を納税の猶予に係る国税に充てます。

イ　第三債務者等から給付を受けた財産が金銭である場合には、国税徴収法第129条《配当の原則》の規定に従い、その金銭を納税の猶予に係る国税に充てます。

3　差押えの解除

　換価の猶予をした場合には、既にした差押財産についての差押えは解除しません（徴基通151の2－12、151－9）。ただし、担保の徴取又は差押えをすることにより、事業の継続又は生活の維持に著しい支障を与えると認められる場合において、必要があると認めるときは、その差押えを解除して差し支えありません（徴152②、猶予取扱要領25）。

❖　換価の猶予をした場合においても、その猶予に係る国税につき、既にした交付要求又は参加差押えを解除する必要はありません。また、新たに交付要求又は参加差押えを行い、交付要求に係る受入金をその猶予に係る国税に充てることができます（徴基通151－10、第151の2－12、猶予取扱要領23）。

4　時効の完成猶予及び更新

　滞納者から換価の猶予の申請書が提出された場合には、その申請に係る国

税の納付義務の承認があったと認められ、その提出の時から、その国税の徴収権の時効が新たに進行します（通72③、民152①、通基通72－6）。

また、換価の猶予に係る国税（その国税に併せて納付すべき延滞税及び利子税を含みます。）の徴収権の時効は、その猶予がされている期間内は進行しません（通73④、通基通73－1、徴基通151の2－12、151－12）。

	申請による換価の 猶予申請 ▼ 令和4.12.1	猶予期間を 経過した日 ▼ 令和5.12.1	
時効進行	時効不進行 (4.12.1～5.11.30)		時効進行期間5年

　　　　　　　更新　←　　猶予期間　　→　更新

5　還付金等及び還付加算金の充当

　還付金等及び還付加算金がある場合には、国税通則法第57条《充当》及び第58条《還付加算金》の規定その他各税法の規定により、猶予期間中であっても、その猶予に係る国税に充当しなければなりません。

6　延滞税の免除

　猶予期間中の延滞税は、国税通則法第63条の規定により免除しなければなりません。

☞　後述「〔49〕　納税の猶予等の場合の延滞税の免除」参照

第3章　換価の猶予制度

[27] 猶予期間の延長

換価の猶予を受けていましたが、その猶予期限が間もなく迫っていますが、未だ生活維持困難な状況が続いております。この場合あと6月ほど延長を認めてもらえないでしょうか。

「申請による換価の猶予」を受けた後、その猶予期間内に完納することができないやむを得ない理由があると認められる場合は、当初の猶予期間が終了する前に所轄の税務署に申請することにより、当初の猶予期間と合わせて最長2年以内の範囲で猶予期間の延長が認められることがあります。

|解説|

1　猶予期間の延長

「申請による換価の猶予」を受けた後、猶予期間内に完納することができないやむを得ない理由があると認められる場合は、当初の猶予期間が終了する前に所轄の税務署に申請することにより、当初の猶予期間と合わせて最長2年以内の範囲で猶予期間の延長が認められることがあります。

第2節　申請による換価の猶予

〈事例〉　滞納税額135万円　職権による換価の猶予　猶予期間12月（1年）
　　　　　月々 5万円（最終月80万円）

⇨　最終月分80万円（最終月5万円、残75万円について申請による換価の猶予（延長））

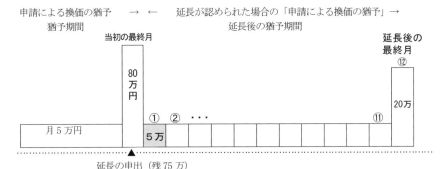

2　延長の申請手続

(1)　延長申請書の提出等

　申請による換価の猶予を受けている場合で、猶予期間内に猶予に係る国税を納付することができないやむを得ない理由により、猶予期間の延長を求めるときは、国税徴収法第152条第4項（国税通則法第46条第7項準用）の規定により、「**換価の猶予期間延長申請書**」を提出して行います。

納税者からの延長申請　⇨　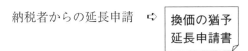

☞　後述「換価の猶予延長申請書」参照

❖　「猶予期間の延長の申請」に当たっては、e-Taxにより猶予を申請することができます。また、スマートフォン・タブレットをご利用の方は「e-Taxソフト（SP版）」から、パソコンをご利用の方は「e-Taxソフト（WEB版）」からもご利用できます。

※　書面で申請書を作成の上、持参又は送付により提出することもできます。

第3章　換価の猶予制度

❖　猶予期間延長申請書の提出の勧奨

　猶予税額がその猶予期間である1年以内の完納が見込まれないことにより、1年を超える部分の金額を猶予期間の最終日の分割納付金額（下図⑫）としているものについては、猶予期間が終了する前のおおむね1月以内に、適宜の方法により納税者と接触してその実情を確認し、延長申請が必要であると見込まれる者に対しては、猶予期間延長申請書の提出を勧奨するものとして取り扱われています（猶予取扱要領50）。

〈事例〉　滞納税額100万円　猶予期間12月（1年）

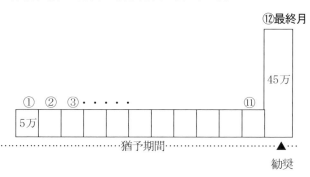

(2)　延長申請書の添付書類

　延長申請書の添付書類として、猶予を受けようとする金額が100万円以下の場合には、「財産収支状況書」を、猶予を受けようとする金額が100万円超の場合には、「財産目録」、「収支の明細書」及び担保を提供する必要があります（猶予取扱要領50）。

猶予税額が100万円以下の場合	猶予税額が100万円超の場合
・「財産収支状況書」	・「財産目録」 ・「収支の明細書」 ・担保関係書類

[28] 申請による換価の猶予の取消し

猶予期間中に、業績が悪化し分割納付計画のとおりに納付しないときなどは、猶予が取り消されることがありますか。仮に、取り消された場合、この処分に対して不服申立てはできますか。

換価の猶予が許可された後に、例えば、猶予を受けている国税を「換価の猶予許可通知書」により通知された分割納付計画のとおりに納付しないときなど（解説参照）に該当することとなったときは、猶予が取り消されたり、猶予期間が短縮されたりすることがあります。

なお、猶予の取消し又は猶予期間の短縮を受けたことに不服がある場合は、所定の期間内に限り不服申立てを行うことができます。

解説

1 履行状況の確認

税務署長等は、換価の猶予をした場合、その履行状況の確認を行うとともに、不履行の状況が続いている場合には、必要に応じその者実情を把握するための調査を行い、猶予の取消し、猶予期間の短縮、又は分割納付計画の変更を行うことがあります。

よって、猶予を受けた納税者については、そのような状況の変化が表れた場合には、その旨を税務署等の担当部門に相談して下さい。

2 猶予の取消し及び猶予期間の短縮

申請による換価の猶予が許可された後に、次のいずれかに該当することとなったときは、猶予が取り消されたり、猶予期間が短縮されたりすることがあります（徴152④、通49①）。

なお、換価の猶予を受けた者の資力の回復等の理由が生じた場合には、換

第3章　換価の猶予制度

価の猶予の取消しに代えて「猶予期間の短縮」をされる場合があります。

取消事由	繰上請求をすべき事由（通38）が生じたとき
	分割納付に係る分納額をその納付期限までに納付できないとき＊
	増担保、担保の変更（通51①）に応じないとき
	新たに猶予に係る国税以外に滞納したとき＊
	偽りその他不正な手段により申請がなされたことが判明したとき
	上記のほか、その者の財産状況その他の事情変化により猶予の継続が不適当となったとき

＊　猶予をしたときにおいて予見できなかった事実（猶予を受けている者の責めに帰することができない事実に限ります。）が発生した場合など、やむを得ない理由がある場合を除きます。やむを得ない理由がある場合には、所轄の税務署（徴収担当）へご相談ください。

　　例：取引先に対する売掛金等の回収遅れ又は不能
　　　　災害、病気等による売上の減少、医療費の支出
　　　　災害等による復旧費用の支出
　　　　仕入原価又は資材等の高騰による支出

3　取消しの手続

　換価の猶予の取消し又は猶予期間を短縮する場合には、納税の猶予の場合と異なり、あらかじめ猶予を受けた者の弁明を聴取する必要はありません（徴152④、通49②、徴基通152－8）。

　また、税務署長等は、換価の猶予の取消し、又は猶予期間の短縮をしたときは、滞納者に通知しなければなりません（徴152④、通49③）

> **参考**　申請による換価の猶予については、滞納その早期の段階で計画的な納付の履行を確保する観点から設けられたものであり、その創設に併せて、猶予の取消し事由の明確化が図られ、かつ、税務署長等がやむを得ない理由があるときは、猶予を取り消さないこともあり、換価の猶予を取り消す場合は、弁明を聴取する必要はないとされています。

また、職権による換価の猶予については、税務署長等の職権によって適用されるものでることから、その取消し又は短縮する場合には、弁明を徴する必要はありません（徴152③、通49②、徴基通152－8）。

➤ 滞納者に対する換価の猶予取消しの通知（徴152④、通49③）は、換価を再開するための要件となります。

4 取り消された場合等の対応

猶予の取消し又は猶予期間の短縮を受けたことに不服がある場合は、所定の期間内に限り不服申立てを行うことができます。

➤ 処分の理由附記

猶予の取消し又は猶予期間の短縮は、不利益処分であるため、納税の猶予の取消通知書等にその理由を付記する必要があります（通74の14①、行手14、猶予取扱要領45(3)）。

第3章　換価の猶予制度

（換価の猶予申請書）

収受印	整理番号

換　価　の　猶　予　申　請　書

税務署長殿

国税徴収法第151条の2第1項の規定により、以下のとおり換価の猶予を申請します。

申請者	住所所在地 〒　電話番号（　）　携帯電話（　）	① 申請年月日　令和　年　月　日
	氏名名称	通信日付印／申請書番号／処理年月日
	法人番号	

① 納付すべき国税

年度	税目	納期限	本税	加算税	延滞税	利子税	滞納処分費	備考
		・・	円	円	法律による金額 円	円	法律による金額 円	
		・・			〃		〃	
		・・			〃		〃	
		・・			〃		〃	
合計			イ	ロ	ハ	ニ	ホ	

② イ～ホの合計　　　円　　③現在納付可能資金額　　　円　　④換価の猶予を受けようとする金額（②-③）　　　円

※③欄は、「財産収支状況書」の(A)又は「財産目録」の(D)から転記

③ 一時に納付することにより事業の継続又は生活の維持が困難となる事情の詳細

④ ⑤納付計画

年月日	納付金額	年月日	納付金額	年月日	納付金額
令和　年　月　日	円	令和　年　月　日	円	令和　年　月　日	円
令和　年　月　日		令和　年　月　日		令和　年　月　日	
令和　年　月　日		令和　年　月　日		令和　年　月　日	
令和　年　月　日		令和　年　月　日		令和　年　月　日	

※⑤欄は、「財産収支状況書」の(B)又は「収支の明細書」の(C)及び(D)から転記

猶予期間　令和　年　月　日から令和　年　月　日まで　　月間

※猶予期間の開始日は、①の申請年月日（ただし、納付すべき国税の法定納期限以前にこの申請書を提出する場合は、納付すべき国税の法定納期限の翌日）

⑤ 担保　□有　□無　担保財産の詳細又は提供できない特別の事情

添付する書類欄
100万円以下の場合	100万円超の場合
□ 財産収支状況書	□ 収支の明細書
	□ 財産目録
	□ 担保関係書類

税理士署名　（電話番号　－　－　）
□　税理士法第30条の書面提出有

（出典：国税庁ホームページ、筆者一部修正）

(注)　上記①～⑤は、後述「記載要領」の番号を示します。

第2節　申請による換価の猶予

（「換価の猶予申請書」の記載要領）

> 「換価の猶予申請書」に、次に掲げる書類を添付して提出します。
> （換価の猶予申請書の添付書類）
> ・　換価の猶予を受けようとする金額が100万円以下の場合
> 　　……「財産収支状況書」
> ・　換価の猶予を受けようとする金額が100万円を超える場合
> 　　……「財産目録」、「収支の明細書」

☞　「財産収支状況書」、「財産目録」及び「収支の明細書」の様式、記載要領については、106～128頁参照。

《記載要領》

1　「納付すべき国税」欄

　換価の猶予の申請をするときに、未納となっている国税を全て記載します。

　延滞税については、本税の全額を納付していないときは、「要」と記載します。

　「備考」欄には、国税の年分、事業年度、課税期間又は月分を記載し、換価の猶予を受けようとするものに○印を付けます。

> 《記載例》
> ・　令和X年分の申告所得税　⇒「X年分」　・　令和X年3月期の法人税⇒「X年3月期」

2　「換価の猶予を受けようとする金額」欄

　「納付すべき国税」の合計額から「財産収支状況書」の「2　現在納付可能資金額」欄の「現在納付可能資金額(A)」を差し引いた金額を記載します。

※　猶予を受けようとする金額が100万円を超える場合には、「財産目録」の「4　現在納付可能資金額」欄で「③現在納付可能資金額（①－②）(D)」を差し引いた金額を記載します。

③ 「一時に納付することにより事業の継続又は生活の維持が困難となる事情の詳細」欄

国税を一時に納付することにより事業の継続又は生活の維持が困難となる事情を、具体的に記載します。

《記載例》

> 　個人事業で運送業を営んでいるが、取引先の１つであったＣ株式会社の事業縮小のため、Ｃ株式会社との契約が昨年11月をもって終了することとなった。
> 　Ｃ株式会社との取引は、売上の約30％を占めていたため、資金繰りが急速に悪化した。現在は、事業に係る経費や生活費を節約するほか、家賃の安い住居に転居することにより、燃料費等の事業資金や生活費を捻出している状況である。
> 　今月の入金額を全て国税の納付に充てた場合には、事業資金の支払だけでなく、生活費の捻出も厳しくなり、生活の維持が困難となる。

④ 「納付計画」欄

「財産収支状況書」の「４　分割納付計画(B)」欄から転記します。

※　猶予を受けようとする金額が100万円を超える場合には、「収支の明細書」の「７　分割納付年月日及び分割納付金額」欄の「納付年月日(C)」欄及び「⑥分割納付金額(D)」欄を転記します。

⑤ 「担保」欄

猶予を受けるに当たり、担保を提供する必要がある場合には「□有」に、担保を提供する必要がない場合には「□無」にチェック（□✓）を付けます。

※　猶予を受けようとする場合には、原則として担保を提供することが必要です。ただし、次の①から③のいずれかに該当する場合には、担保を提供する必要はありませんので、「□無」にチェック（□✓）を付けます。

　①　猶予を受ける金額（未確定の延滞税を含みます。）が100万円以下であ

る場合
② 猶予を受ける期間が3か月以内である場合
③ 担保を提供することができない特別の事情（国税通則法により担保として提供することができることとされている種類の財産がないなど）がある場合

6 「担保財産の詳細又は提供できない特別の事情」欄

担保として提供する財産の種類、数量、価額及び所在等を記載します。
※ 上記①又は②に該当する場合には、この欄には「―」と記載します。
上記③に該当する場合には、その担保を提供することができない特別の事情を記載します。

《記載例》

（不動産を担保として提供する場合）

担　保	□ 有 ☑ 無	担保財産の詳細又は提供できない特別の事情	種別：土地、　地目：宅地、 地積：120.00㎡ 所有者：○○　○○ 所在地：○○市△△町×－×-×

（保証人の保証を担保として提供する場合）

担　保	□ 有 ☑ 無	担保財産の詳細又は提供できない特別の事情	保証人の氏名：○○　○○ 保証人の住所：○○市△△町×－×－×

（担保を提供することができない特別の事情がある場合）

担　保	□ 有 ☑ 無	担保財産の詳細又は提供できない特別の事情	担保として提供できる種類の財産を所有していないため。

（出典：国税庁ホームページより、筆者一部修正）

第3章 換価の猶予制度

(換価の猶予期間延長申請書)

換価の猶予期間延長申請書

整理番号 □□□□□□

収受印

税務署長殿

国税徴収法第152条第4項の規定により、以下のとおり換価の猶予期間の延長を申請します。

申請者	住所所在地	〒 電話番号 ( )　　　携帯電話 ( )	① 申請年月日	令和　年　月　日
	氏名名称		通信日付印	
	法人番号		申請書番号	
			処理年月日	

換価の猶予期間延長申請税額	年度	税目	納期限	本税	加算税	延滞税	利子税	滞納処分費	備考
			・・	円	円法律による金額	円法律による金額 円	円	円	
			・・			〃	〃		
			・・			〃	〃		
			・・			〃	〃		
	合計			イ	ロ	ハ	ニ	ホ	

② イ～ホの合計　　　　円　　③ 現在納付可能資金額　　　　円　　④ 換価の猶予を受けようとする金額 (②－③)　　　円

※③欄は、「財産収支状況書」の(A)又は「財産目録」の(D)から転記

猶予期間内に猶予を受けた金額を納付することができない理由

⑤納付計画

年月日	納付金額	年月日	納付金額	年月日	納付金額
令和　年　月　日	円	令和　年　月　日	円	令和　年　月　日	円
令和　年　月　日	円	令和　年　月　日	円	令和　年　月　日	円
令和　年　月　日	円	令和　年　月　日	円	令和　年　月　日	円
令和　年　月　日	円	令和　年　月　日	円	令和　年　月　日	円

※⑤欄は、「財産収支状況書」の(B)又は「収支の明細書」の(C)及び(D)から転記

延長期間　令和　年　月　日から令和　年　月　日まで　　月間

※延長期間の開始日は、現在、換価の猶予を受けている国税の猶予期間の終期の翌日

担保　□有　□無　　担保財産の詳細又は提供できない特別の事情

税理士署名　　　（電話番号　　－　　－　　）
□ 税理士法第30条の書面提出有

添付する書類欄

100万円以下の場合	100万円超の場合
□ 財産収支状況書	□ 収支の明細書
	□ 財産目録
	□ 担保関係書類

(出典：国税庁ホームページ)

第2節　申請による換価の猶予

（「換価の猶予期間延長申請書」の記載要領）

「換価の猶予期間延長申請書」の記載要領

1　目的

「換価の猶予期間延長申請書」は、徴収法第152条第4項（通則法第46条第7項準用）の規定により、換価の猶予期間の延長を申請する場合に使用してください。

2　「申請者」欄

郵便番号、住所（又は所在地）、電話番号、携帯電話及び氏名（又は名称）を記載してください。

なお、申請者が法人である場合は、その代表者の住所及び氏名を併せて記載するとともに、「法人番号」欄に法人番号を記載してください。

3　「申請年月日」欄

申請書を提出する日を記載してください。

4　「換価の猶予期間延長申請税額」欄

猶予期間の延長を受けようとする国税の年度、税目、納期限及び金額を記載し、「備考」欄にその国税の年分、事業年度、課税期間又は月分を記載してください。

5　「猶予期間内に猶予を受けた金額を納付することができない理由」欄

換価の猶予期間内に猶予を受けた国税を納付することができない理由を、具体的に記載してください。

6　「納付計画」欄

「財産収支状況書」の「4　分割納付計画」欄の「分割納付金額」（猶予を受けようとする金額が100万円を超える場合は、「収支の明細書」の「7　分割納付年月日及び分割納付金額」欄の「納付年月日」及び「⑥分割納付金額(D)（①＋②＋③－④－⑤）」）を転記してください。

7　「延長期間」欄

延長期間の始期（当初の猶予期間の終期の翌日）及び終期（納付計画の最終日）並びにその期間を記載してください。

8 「担保」欄

　猶予期間の延長を受けるに当たり、新たに担保を提供する必要がある場合には「□有」に、新たに担保を提供する必要がない場合は「□無」にチェックを付けてください。

※　猶予を受けようとする場合には、原則として担保を提供することが必要です。ただし、次の①から④のいずれかに該当する場合には、新たに担保を提供する必要はありませんので、「□無」にチェックを付けてください。

　①　既に担保を提供している場合
　②　猶予を受ける金額（未確定の延滞税を含みます。）が100万円以下である場合
　③　猶予を受ける期間が３か月以内である場合
　④　担保を提供することができない特別の事情（国税通則法により担保として提供することができることとされている種類の財産がないなど）がある場合

9 「担保財産の詳細又は提供できない特別の事情」欄

　担保として提供する財産の種類、数量、価額及び所在等を記載してください。

※　上記８①、②又は③に該当するときは、「―」を記載し、④に該当するときは、担保を提供することができない特別の事情を記載してください。

10 「添付する書類欄」

　申請書に添付する書類にチェックを付けてください。

（出典：国税庁ホームページ）

第3節　職権による換価の猶予

[29]　「職権による換価の猶予」の要件等

　換価の猶予には、申請による換価の猶予のほか、職権による換価の猶予があると聞いていますが、どのような制度ですか。その概要を説明してください。

　「職権による換価の猶予」は、申請による換価の猶予と要件、効果が類似していますが、大きく異なることは、税務署長等の職権により猶予が認められることです。

　滞納者において職権による換価の猶予の該当事由が発生した場合には、その旨を税務署の徴収部門に相談の上、税務署長等の職権により認めてもらう必要があります。

要件
- 納税についての誠実な意思
- 事業継続又は生活維持の困難
- 国税の徴収上有利

解説

1 「職権による換価の猶予」の要件

　「職権による換価の猶予」は、次の事由のいずれかに該当すると認められる場合において、滞納者が納税について誠実な意思を有すると認められるときは、その納付すべき国税につき滞納処分による財産の換価を猶予することができます（徴151①）。

① 事業継続又は生活維持の困難
② 国税の徴収上有利

第3章　換価の猶予制度

(1) 納税についての誠実な意思

　「納税についての誠実な意思を有する」とは、滞納者が、現在においてその滞納に係る国税を優先的に納付する意思を有していることをいい（猶予取扱要領16(3)）、また、納税についての誠実な意思の有無の判定については、従来において期限内に納税していたこと、過去に、納税の猶予、換価の猶予等の場合において確実に分納を履行していたこと、滞納国税の早期完納に向けた、経費の節約、借入金の返済額の減額、資金調達等の努力が適切になされていることなどの事情を考慮して判定されます。なお、この場合において、過去のほ脱の行為又は滞納の事実があっても、現在において誠実な納税の意思を有していると認められるかを併せて考慮した上で判定するものとされています（徴基通151－2、猶予取扱要領16(3)）。

(2) 事業の継続又は生活の維持の困難

　滞納処分による財産を直ちに換価することにより「事業の継続を困難にするおそれがあるとき」とは、換価の猶予をしようとする国税の全てを直ちに徴収しようとする場合において、次のいずれかに当たることをいいます（徴基通151－3、151－4）。

① 事業の不要不急の資産を処分するなど、事業経営の合理化を行った後においても、なお差押財産を換価することにより、事業を休止し、もしくは廃止させるなど、その滞納者の事業の継続を困難にするおそれがあると認められとき。

② 差押財産を換価することにより、滞納者の必要最低限の生活費程度の収入が期待できなくとき。

　➢ 「事業の継続等を困難にすること」に該当することにより換価の猶予をした国税について、猶予期間が終了した後、改めて、「事業の継続等を困難にすること」に該当することにより換価の猶予をすることはできません。ただし、その猶予期間が終了した後、「徴収上有利であること」に該当する場合には、そのことを理由として換価の猶予をすることができます。「事業の継続等を困難にすること」と「徴収上

有利であること」が逆の場合についても同様です（徴基通151－6－2）。

(3) 国税の徴収上有利

「財産を換価を猶予することが直ちにその換価をすることに比して、滞納に係る国税及び最近における納付すべきこととなる国税の徴収上有利であるとき」とは、次のいずれかに該当する場合をいいます（徴基通151－5）。

① 滞納者の財産のうち滞納処分ができる全ての財産について滞納処分を執行したとしても、その徴収することができる金額が徴収しようとする国税に不足すると認められる場合であって、換価処分を執行しないこととした場合には、その猶予期間内に新たな滞納を生ずることなく、その猶予すべき国税の全額を徴収できると認められるとき。

② 換価すべき財産の性質、形状、用途、所在等の関係で換価できるまでには相当の期間を要すると認められる場合で、換価処分を執行しないこととした場合には、その猶予すべき国税及びその猶予すべき期間内において納付すべきこととなる国税をより多く徴収することができると認められるとき。

③ 滞納国税について直ちに徴収できる場合であっても、最近において納付すべきこととなる国税と既に滞納となっている国税との総額について、換価処分を執行しないこととした場合には、より多くの国税を徴収することができると認められるとき。

2 職権による換価の猶予をする期間等

(1) 猶予期間

職権による換価の猶予をする期間は、1年を限度として、滞納者の財産の状況その他の事情からみて合理的かつ妥当な金額で分割した場合においてその猶予に係る国税を完納することができる最短期間とされています

第3章　換価の猶予制度

（徴基通151-5-2）。

　この場合の猶予期間の始期は、換価の猶予をすることを判断した日とされています。なお、換価の猶予をすることを判断した日が、猶予に係る国税の法定納期限以前の日である場合は、その法定納期限の日の翌日を猶予期間の始期となります（猶予取扱要領18(2)）。

(2) **合理的かつ妥当な金額による分割納付**

　換価の猶予をする場合には、原則として、猶予に係る金額につき、その猶予期間内の各月において、滞納者の財産の状況その他の事情からみて合理的かつ妥当なものに分割して納付させなければならない（徴152①）。ただし、税務署長がやむを得ない事情があると認めるときは、その猶予期間内の税務署長が指定する月における分割納付とすることができます。

　この場合において、「猶予期間内の各月において、滞納者の財産の状況その他の事情からみて合理的かつ妥当なもの」とは、滞納者の財産の状況その他の事情からみて、滞納者の事業の継続又は生活の維持を困難にすることなく猶予期間内の各月において納付することができる金額であって、かつ、その猶予に係る国税を最短の期間で完納することができる金額をいいます（徴基通152-7）。

　また、「やむを得ない事情があると認めるとき」とは、分割して納付をしようとする月において、「見込納付能力調査」によって納付可能な額が算出されないことをいい、この場合において、税務署長は、換価の猶予をする期間において分割納付金額が算出される月を指定して分割納付させるものとします（徴基通152-6）。

❖　**1年以内に完納が見込まれない場合の取扱い**

　国税徴収法第151条第1項の要件を満たす場合において、納付能力調査の結果、職権による換価の猶予をしようとする国税の完納までに要する期間が1年を超えると認められるときは、猶予期間を1年間とし、1年を超

第3節　職権による換価の猶予

える部分の税額は猶予期間の最終月の分割納付金額として処理することとされています（猶予取扱要領18(4)）。

> ➢ 1年以内に完納が見込まれない場合には、換価の猶予の「納税について誠実な意思」の判定に当たって、滞納国税の早期完結に向けた経費の節約、借入金の返済額の減額、資金調達等の努力が適切になされているかどうかについて、的確に判断することにされています。

3　職権による換価の猶予をする金額等

(1) 職権による換価の猶予の対象となる国税

　職権による換価の猶予ができる国税は、納期限を経過した国税又は国税に関する法律の規定により一定の事実が生じた場合に直ちに徴収するものとされている国税です。

　また、職権による換価の猶予をする場合には、滞納者の滞納に係る国税の全てを対象とします。

> ➢ 督促状が発付されていない国税について換価の猶予をする場合は、滞納者に対し、督促状が発付される旨を事前に説明することとしています。
> ➢ 職権による換価の猶予と納税の猶予又は申請による換価の猶予等のいずれの要件にも該当すると認められる場合において、滞納者から納税の猶予の申請又は換価の猶予の申請等があるときは、これにより処理するものとし、申請書の提出がされていないときは、その要件及び申請手続等について説明し、申請書の提出等を勧奨することとしています。

(2) 職権による換価の猶予をする金額（猶予金額）

　職権による換価の猶予をすることができる金額（猶予金額）は、納付を困難とする金額として、下記アの額からイの額を控除した残額を限度とし、具体的には、現在納付能力調査によって判定した納付困難と認められる金額とします（徴152①、徴令53③、徴基通152-1）。

```
┌─────────┐   ┌─────────────────────────────┐
│納付すべき│   │納付能力を判定した日において滞納者が│   猶予金額
│国税の額(ア)│ − │有する現金、預貯金その他換価の容易な│ = (ア−イ)
│         │   │財産の価額に相当する金額から、それ│
└─────────┘   │ぞれ次に定める額を控除した残額(イ)│
              └─────────────────────────────┘
```

滞納者が法人の場合

　　…その事業の継続のために当面必要な運転資金の額

滞納者が個人の場合

　　…次に掲げる金額の合計額（A＋B）

A　滞納者及び滞納者と生計を一にする配偶者その他の親族（滞納者と婚姻の届出をしていないが事実上婚姻関係と同様の事情にある者及び当該事情にある者の親族を含む。）の生活の維持のために通常必要とされる費用に相当する金額（滞納者が負担すべきものに限る。）

B　滞納者の事業の継続のために当面必要な運転資金の額

4　担保の徴取と差押えの猶予

　職権による換価の猶予をしようとする場合において、その猶予の係る国税について十分な保全措置がとられてないときは、その国税の徴収を確保するため、その国税に相当する担保の徴取又は財産の差押えをしなければなりません。ただし、①猶予に係る国税の額が100万円以下の場合、②猶予期間が３月以内である場合、③国税通則法第50条各号《担保の種類》に掲げる種類の財産がなく、かつ、保証人となる適当な者がない場合、④担保の徴取又は差押えをすることにより、事業の継続又は生活の維持に著しい支障を与えると認められる場合には、担保の徴取又は財産の差押えをすることなく換価の

猶予をすることができ、上記④の場合は差押えの猶予をすることができます（徴152②③、通46⑤、猶予取扱要領16(7)）。

5 既に換価の猶予がされていた国税の取扱い

(1) 国税徴収法第151条第1項第1号と第2号の関係

　　国税徴収法第151条第1項第1号の規定による換価の猶予をした国税について、改めて同号の規定による換価の猶予をすることはできません。ただし、同号（1号）の規定による換価の猶予をした国税について、その猶予期間が終了した後、その滞納者が同項第2号に該当する場合は、同号（2号）の規定による換価の猶予をすることができます。

　　なお、国税徴収法第151条第1項第2号の規定による換価の猶予をした国税についても、同様である（徴基通151－6－2）。

(2) 納税の猶予等との関係

　　納税の猶予又は申請による換価の猶予をした国税について、その猶予期間が終了した後、その滞納者が職権による換価の猶予の要件に該当するときは、職権による換価の猶予をすることができる。

(3) 担保の徴取

　　上記(1)又は(2)において、既にされていた猶予について徴取していた担保は、引き続き新たな換価の猶予の担保とすることができます。

6 猶予に必要な書類の提出要求

　税務署長等は、換価の猶予をする場合において、必要があると認めるときは、滞納者に対し、財産目録その他の資産及び負債の状況を明らかにする書類、猶予を受けようとする日前1年間の収入及び支出の実績並びに同日以後の収入及び支出の見込みを明らかにする書類も若しくは担保の提供に関する書類又はその猶予に係る金額につき分割して納付させるために必要となる書

第３章　換価の猶予制度

類（例えば、納税者が作成する「分割納付計画書」等）の提出を求めることができます（徴151②、徴令53①）。

> [趣旨] 平成26年改正において、それまでの実務においても、猶予をするに当たっては、分納計画やその裏付けとしての収支状況表等の提出を求め、その提出等があれば円滑に手続きが進められたことを踏まえ、猶予手続を円滑に進めるとの観点から、職権による換価の猶予について、申請による換価の猶予と同様の書類の提出を求めることができることとされたものです。

[30] 職権による換価の猶予における「職権」とは

「職権による換価の猶予」は、税務署長等の「職権」によりなされると聞いていますが、滞納者において換価の猶予の該当事実が発生した場合、どのように対応すればいいのですか。

職権による換価の猶予は、税務署長等自ら職権で行うもので、申請による換価の猶予のように納税者からの申請によるものではありません。

よって、猶予該当事実が発生した場合は、税務署等の徴収担当職員に、納付困難を理由として分割納付計画を作成するなど、事実・事由を説明し、職権による換価の猶予を許可してもらえるような働きかけが必要となります。

```
税務署長等        滞納者等
  職権         積極的な対応
```

解説

1 税務署長等への該当事実の説明等

職権による換価の猶予は、税務署長等がその滞納処分の執行の過程で、滞納者に対する財産調査や面談等において生活維持及び事業継続が困難な事情等によりその後の一時納付が困難となった状況を把握した場合、自らの判断として職権で行うものです。しかしながら、税務署等の徴収担当職員が多くの滞納事案を抱える中で、個々の滞納者の事情を把握することは非常に困難な状況にあります。

よって、納税者サイドとしては、事業・生活維持困難等その他の事情により猶予該当事由が発生した場合においては、例えば「生活維持困難」事由を明らかにする資料を準備し、収支状況から分割納付計画を作成するなど、そ

の納税について誠意の意思を示し、もって、税務署長等の判断をしやすいような資料とともに、より積極的にその旨を申し述べる必要があります。

　また、税務署長等の判断で、職権による換価の猶予を行う場合においても、税務署長等から、担保の提供を求められることがありますので、早期に提出する必要があります。

2　職権による換価の猶予への働きかけ等の対応

　滞納の状態を放置しておくと、給与や売掛金の差押えに移行されるなど、資金繰りがより一層困難となり、また、これらにより信頼関係を失い経営面においても支障をきたす恐れがあります。

　そこで、諸事情により一時納付困難となった場合、今後の具体的な納付計画を立て、既に滞納となっている税額については、猶予制度を活用し「滞納状態」を解消することが望まれます。これによって、今後の新たな滞納発生に対し、「申請による換価の猶予」を行うことも可能となります。

　㊟　これらの効果として、その猶予期間については、延滞税の免除の効果を享受することができます（令和6年中、年8.7％が0.9％）。

☞　換価の猶予に伴う効果については、166頁参照

3　職権の換価の猶予に係る留意事項

　職権による換価の猶予は、滞納者からの申請によらず、税務署長等が職権をもって行うものですが、滞納者から納付困難を理由として分割納付の申出等があった場合には、原則として、分割納付計画書等の提出を求めるなどしてその申出の内容を調査し、要件を満たしている滞納者については、職権による換価の猶予を適用するような取扱いとなっています（猶予取扱要領16(8)）。

　なお、この場合において、滞納者は、分割納付計画書等の提出により職権による換価の猶予をすることを求めることはできず、税務署長等が職権による換価の猶予を適用しないことについて、<u>不服申立て又は訴えの提起をする</u>

ことができないことに留意する必要があります（徴基通151－13－4、猶予取扱要領16(8)）。

[31] 職権による換価の猶予における猶予期間の延長

職権による換価の猶予が認められ、その分納による最終猶予期限も迫っていますが、未だに猶予該当事由が続いており、滞納税額も今だ残っています。このような場合引き続き猶予を認めてもらえないでしょうか。

猶予期間内に完納することができないやむを得ない理由があると認められる場合は、その猶予期間が終了する前に所轄の税務署にその旨を申し出ることにより、税務署長等の職権で、猶予期間と合わせて最長2年以内の範囲で猶予期間の延長が認められることがあります。

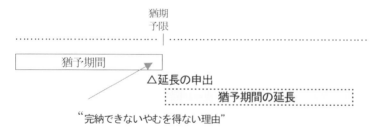

|解説|……………………………………………………………………………

1　税務署長等への納付困難事由の申し述べ

　職権による換価の猶予を受けているときに、その猶予期間内に納付できない場合は、申請による換価の猶予を受けている場合と異なり、猶予期間の延長を申請することはできません。

　しかしながら、猶予期間内に完納することができないやむを得ない理由があると認められる場合は、当初の猶予期間が終了する前に滞納者自ら税務署長等にその旨を申し出ることにより、税務署長等の職権で、当初の猶予期間と合わせて最長2年以内の範囲で猶予期間の延長が認められることがありま

第3節　職権による換価の猶予

す（猶予取扱要領18(4)）。

《事例》　滞納税額135万円　職権による換価の猶予　猶予期間12月（1年）
　　　　　月々 5万円（最終月80万円）

⇨　最終月分80万円（最終月5万円、残75万円について職権による換価の猶予（延長））

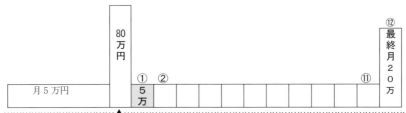

❖　上記「やむを得ない理由があると認められる場合」とは、前述94頁を参照してください（通基通46－16、猶予取扱要領50(1)）。

2　留意事項

上記1の申出がなされた場合、税務署長等は、納付困難な状況の確認等のための調査を行うことがあり、これまでの猶予税額の納付状況を確認されることから、滞納者は自ら、猶予期間内の履行と今後の納付計画の策定により、延長を認めてもらいやすい状況を整備しておく必要があります。

[32] 職権による換価の猶予の取消し

税務署長の「職権による換価に猶予」が認められましたが、ここ2回ほど分割納付ができてません。このような場合にその取消しがなされることがありますか。

換価の猶予を受けた者がその分納税額を納付期限まで納付できない場合、猶予の取消し事由に該当し、税務署長等は、その猶予を取消し、又はその期間を短縮することができます。

猶予期間中に、その履行が困難となったときは、早期にその事由を税務署長等に申し出て下さい。

解説

1 換価の猶予の取消し事由

職権による換価の猶予期間中において、換価の猶予を受けた者に次のいずれかに該当する場合には、税務署長等はその猶予を取消し、又はその期間を短縮することができます（徴152③、通49①）。

取消事由	
	①繰上請求をすべき事由（通38）が生じたとき
	②分割納付に係る分納額をその納付期限までに納付できないとき ＊
	③増担保、担保の変更（通51①）に応じないとき
	④新たに猶予に係る国税以外に滞納したとき ＊
	⑤上記のほか、その者の財産状況その他の事情変化により猶予の継続が不適当となったとき

(注)＊ 例えば、猶予した金額を納付する見込みがなくなる程度に資力を喪失したり、逆に業況の好転により納付困難と認められる金額がなくなる程度に資力が回復するなど、猶予を継続することが適当でないと認められる場合をいいます（通基通49－5）

➤ 上記②、④については、税務署長がやむを得ない理由があると認めるときを除きます。

2　取消しの手続

　換価の猶予の取消し又は猶予期間を短縮する場合には、職権による換価の猶予については、税務署長等の職権によって適用されるものであることから、弁明を徴する必要はありません（徴152③、通49②、徴基通152－8）。

　なお、税務署長等は、換価の猶予の取消し、又は猶予期間の短縮をしたときは、滞納者にその旨を通知しなければなりません（徴152③、通49③）

> ➤ 滞納者に対する換価の猶予取消しの通知は、換価を再開するための要件となります。

3　取消しの効果

　換価の猶予を取り消した場合は、猶予の効果が将来に向かってなくなるため、直ちに猶予した金額の徴収を行い、又は停止していた滞納処分を続行して、担保を徴しているときはその担保の処分を行います。

第4章

猶予に伴う担保

第4章　猶予に伴う担保

［33］　担保の提供が必要となる場合

猶予申請を行った場合、どのような場合でも担保の提供が必要ですか。
　例えば、猶予に係る国税の額が70万円で1年間の猶予申請の場合でも、担保は必要ですか。

猶予申請を行った場合、原則として、担保の提供が必要となります。
　しかしながら、猶予に係る国税の額が100万円以下である場合、又は猶予の期間が3月以内である場合は、猶予に係る国税の額に相当する担保を提供する必要がありません。
　よって、猶予すべき金額が70万円の場合は、担保の提供は必要ありません。

解説

　納税緩和制度は、一般に、納税者からの担保の提供を条件として認められています。
　本稿で取り上げる納税の猶予（「相当な損失による納税の猶予」（通46①）を除きます。）及び換価の猶予も、原則として納税者の申出に基づき担保を提供することとされています。

1　担保の徴取

　猶予の期間中における国税の確保を図るため、税務署長等は、猶予した場合には、原則として担保を徴しなければなりません。原則として納税者の申出に基づき担保を提供することとされています。
　担保の徴取は、このように法律に特に規定している場合のほか、租税債権の徴収確保のために担保の提供を命ずることは許されないと解されています。

2 担保を徴しないことができる場合

税務署長等は、次に掲げるような場合には、担保を徴しないこととします。

① 猶予に係る国税の額が100万円以下である場合

➤ 「猶予に係る国税の額が100万円以下である場合」の判定は、換価の猶予の申請時において、その猶予を受けようとする国税以外に猶予の申請中の国税又は既に猶予をしている国税があるときは、これらの国税の額を含めて行います（通基通46－13－7）。

② 猶予の期間が3月以内である場合

③ 担保を徴することができない**特別の事情**がある場合

➤ 「担保を徴することができない特別の事情」とは、おおむね次に掲げる場合をいいます（通基通46－14）。
　ア　国税通則法第50条各号《担保の種類》に掲げる種類の財産がなく、かつ、保証人となる適当な者がいない場合
　イ　国税通則法第50条各号に掲げる種類の財産があるものの、その財産の見積価額が猶予に係る国税及びこれに先立つ抵当権等により担保される債権その他の債権の合計額を超える見込みがない場合
　ウ　担保を徴することにより、事業の継続又は生活の維持に著しい支障を与えると認められる場合

④ 納付委託に係る有価証券の提供により、猶予に係る国税につき担保の提供の必要がないと認められるに至った場合

➤ 「必要がないと認められるに至ったとき」とは、納付委託を受けた証券の取立てが最近において特に確実であり、不渡りとなるおそれがないため、納付委託に係る国税が確実に徴収できると認められる場合等をいいます（通基通55－9）。

参考　平成26年度税制改正

平成26年度税制改正において、国税については、猶予制度を使いやすくする観点から、その金額を100万円に引き上げるとともに、その猶予期間が3月以内の場合には不要とする改正が行われました。

担保を徴する場合の要担保徴取額の最低限度額を100万円としたのは、改正前の基準額（50万円）に定めた昭和53年当時に比して、消費者物価

指数が1.5倍となっていることや滞納人員の概ね8割が滞納額100万円以下であること等が勘案されたものです。

(注) 改正前の要担保徴取額の最低限度額（50万円）は、「許可、認可等の整理に関する法律（昭和53年法律第54号）」において、規制緩和の一環として、納税者利便と税務署における事務処理の合理化を図る観点から、当時の滞納状況を踏まえ、5万円から引き上げられたものです。

3 担保の徴取と差押え等との関係

猶予に係る国税につき差し押さえた財産があるときは、当該財産は、担保として提供された財産と同様に当該猶予金額を担保するものであることから、国税通則法第46条第6項の規定により、その財産の価額の範囲の金額については、担保を徴することを要しません。

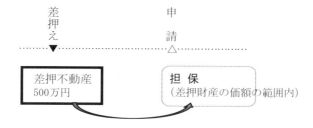

[34] 担保の種類とその選定

　猶予申請に伴い担保の提供が必要となった場合、どのような財産が担保として提供できますか。

　国税通則法第50条に定める担保としては、次に掲げるように、例えば、土地、建物及び保証人などがあります。

　なお、担保の提供は、なるべく処分が容易でかつ価額の変動のおそれが少ないものから提供を受けるものとされ、また、その担保に係る国税が完納されるまでの延滞税、利子税及び担保の処分に要する費用も十分に担保できる価額のものでなければなりません。

担保の種類
- 国債・地方債
- 社債・その他の有価証券
- 土地、建物、立木、船舶、自動車、建設機械
- 鉄道財団、工場財団等
- 保証人の保証

解説

1　担保の種類

　国税通則法第50条《担保》では、猶予をする場合に、納税者が提供できる担保の種類としては、次に掲げるものを規定しています。

(1)　国債及び地方債（通50一）

(2)　社債（特別の法律により設立された法人が発行する債券を含みます。）その他の有価証券で税務署長が確実と認めるもの（通50二）

　　➤　「税務署長が確実と認めるもの」とは、次に掲げる有価証券などその発行する法人の財務内容及び事業の状況から元本の償還、利息の支払等が確実であると認められるもの又は見積価額以上の金額で確実に

換価することができると認められるものをいいます。

　なお、有価証券には、国税通則法施行令第16条第1項《担保の提供手続》に規定する振替株式等など、その権利を表示する券面が発行されていないものが含まれます（通基通50－1）。
　　ア　その元本の償還及び利息の支払について政府が保証する債券
　　イ　金融機関が特別の法律により発行する債券
　　ウ　金融商品取引所に上場されている有価証券

(3)　土地（通50三）

(4)　建物等で保険に付したもの（通50四）

➤　「保険」には、所得税法第77条第2項第2号《地震保険料控除》に規定する共済に係る契約（共済金の支払を受ける権利の譲渡又は差押えが禁止されているものを除きます。）を含み、保険料又は共済掛金が月掛のものを含みません（通基通50－4）。

　なお、担保財産に付すべき保険の金額は、その担保財産により担保される国税の額及びこれに先立つ抵当権等により担保される債権その他の債権の合計額を超えるものでなければなりません（通基通50－5）。

(5)　鉄道財団等の財団（通50五）

(6)　税務署長が確実と認める保証人の保証（通50六）

➤　「税務署長が確実と認める保証人」とは
　金融機関その他の保証義務を果たすための資力が十分であると認められる者をいいます（通基通50－6）。
　この場合における保証義務を果すための資力が十分であるかどうかの判定は、その者の財産又は収入の状況等を総合して勘案し、その者に対して滞納処分を執行した場合において、保証に係る国税の全額の徴収が可能であると認められるかどうかの観点に立って行います。
　なお、保証人が2人以上である場合又は2人以上となる場合には、保証人間において連帯させます（通基通54－5）。

➤　法人による保証について
　法人による保証（物上保証を含みます。）は、その法人がその国税の保証をすることが、その法人の定款に定める目的の範囲内に属する場合に限ります。
　なお、次に掲げる法人による保証は、定款に定める目的の範囲内に属するものとします（通基通50－7）。
　・　担保を提供すべき者と取引上密接な関係のある営利を目的とする

法人（昭和33.3.28最高判、昭和41.2.28東京地判参照）
・　担保を提供すべき者が取締役又は業務を執行する社員となっている営利を目的とする法人（会社法第356条《競業及び利益相反取引の制限》、第365条《競業及び取締役会設置会社との取引等の制限》第419条《執行役の監査委員に対する報告義務等》又は第595条《利益相反取引の制限》の規定により株主総会の承認、取締役会の承認又は社員の過半数の承認を受けたものに限ります。）

❖　第三者所有の財産（物上保証）

　担保は、納税者が所有する財産のうちに適当と認める財産がない場合には、第三者が所有するものであっても差し支えありません。この場合は、第三者がその提供について承諾した旨が記載された担保提供書（土地の場合、抵当権設定登記承諾書）等必要な書類を提出する必要があります（通規11）。

2　担保の選定

　担保の選定に当たっては、次に掲げる点に留意する必要があります。
(1)　担保は、可能な限り処分が容易であって、かつ、価額の変動のおそれが少ないものから提供を受けるものとします（通基通50－8）。
(2)　担保は、その担保に係る国税が完納されるまでの延滞税、利子税及び担保の処分に要する費用をも十分に担保できる価額のもの（担保が保証人の保証である場合は、その国税等の保証義務を十分に果たせる資力を有する保証人）でなければなりません（通基通50－9）。

　なお、担保を徴する場合において、その猶予に係る国税につき差し押さえた財産（担保の提供を受けた財産を含みます。）があるときは、その担保の額は、その猶予する金額から差押財産の見積価額（差押えに係る国税に先立つ抵当権等により担保される債権その他の債権の合計額を控除した額）を控除した額とします（通46⑥、通基通46－15）。

3　担保の評価（担保価額）

　担保の評価（担保価額）は、担保の種類に応じ、次に掲げるような方法により行います（通基通50−10）。

　また、その財産上に既に担保権が設定されているときは、その被担保債権の額を控除します。

国　債	額面金額 （政府ニ納ムヘキ保証金其ノ他ノ担保ニ充用スル国債ノ価格ニ関スル件に規定する金額。）
地方債、社債その他の有価証券	時価の8割以内において担保の提供期間中に予想される価額変動を考慮した金額
土地	時価の8割以内において適当と認める金額
建物等及び鉄道財団等の財団	時価の7割以内において担保提供期間中に予想される価額の減耗等を考慮した金額
保証人	その保証する金額

> 　担保の価額を評価する場合における時価は、担保を評価する日における客観的な市場価格によります。この場合の評価方法は、平成26年6月27日付徴徴3−7「公売財産評価事務提要の制定について」（事務運営指針）を参考にしてください。
> 　ただし、徴収上支障がないと認められるときは、相続税若しくは固定資産査税の課税標準となる評価額又は最近における財務諸表に計上されている価額等を参考として、評価することとして差し支えない取り扱いがなされています（猶予取扱要領41）。

［35］ 担保の提供手続等

猶予の申請に伴い担保の提供が必要となった場合、その担保の提供手続は、どのようにすればよいのですか。

納税者等の担保の提供に当たっては、共通の提出書類としての担保提供書のほか、担保財産ごとに提出書類とその提供手続が異なります。詳しくは解説にて詳述します。

解説

担保の提供に当たっては、次に掲げるとおり、担保提供書のほか、提供する担保の種類に応じて次に掲げる関係書類が必要となります（通令16、通規11、猶予取扱要領42）。

1 提出書類及び提供手続

(1) 共通の提出書類及び提供手続

担保の提供に当たっては、「**担保提供書**」（担保を提供する者以外の第三者が有する財産を担保として提供する場合には、当該第三者がその提供について承諾した旨が記載されたものに限ります。）ほか、提供する担保の種類に応じて、次に掲げる書類を併せて提出します（通令16、通規11）。

(注) 下記(2)ウ(ア)、エ(ア)B及び(イ)Bの登記事項証明書については、情報通信技術を活用した行政の推進等に関する法律第11条《添付書面等の省略》の規定により添付が不要とされる場合には、納税者等からの提出は要しません（猶予取扱要領42(1)）。

☞ 「担保提供書」217頁参照

(2) 担保の種類ごとの提出書類

　ア　国債、地方債及び社債その他の有価証券（下記イ「振替株式等」を除く。）

　　㈦　供託書の正本（通規11②一）

　　㈠　担保として提供する財産が登録国債である場合には、国債規則の規定により担保の登録をした旨の同令第41条《登録済通知書の交付》に規定する**登録済通知書**（通規11③一）

　　㈢　担保として提供する上記アの財産が、制限行為能力者（民法第13条第1項第10号《保佐人の同意を要する行為等》に規定する制限行為能力者をいう。）又は任意後見契約上の本人（任意後見契約に関する法律第2条第2号《定義》に規定する本人をいいます。）（以下「制限行為能力者等」といいます。）の所有財産である場合（任意後見契約上の本人の所有財産について、当該任意後見契約上の本人が自ら担保として提供する場合を除きます。）には、次に掲げる場合に応じて、それぞれ次に定める書類

　　　A　法定代理人（その代理行為が民法第826条《利益相反行為》の規定に該当するときは特別代理人）、成年後見人、任意後見人（任意後見監督人が選任されているものに限る。）、保佐人又は補助人（以下「法定代理人等」といいます。）に国税の担保提供手続について代理権が付与されているとき

　　　　次の制限行為能力者等の区分に応じて、当該制限行為能力者等に関する次に定める書類

　　　　(A)　未成年者の場合…戸籍謄（抄）本

　　　　(B)　成年被後見人の場合…登記事項証明書

　　　　(C)　任意後見契約上の本人、被保佐人又は被補助人の場合…登記事項証明書（代理権目録が添付されたもの）

　　　B　保佐人又は補助人に国税の担保提供手続について代理権が付与されておらず、保佐人又は補助人の同意が必要とされているとき

　　　　被保佐人又は被補助人の登記事項証明書及び保佐人又は補助人が

その担保の設定に同意した旨が記載された書面（以下「同意書」といいます。）

(エ) 担保として提供する上記アの財産が、法人の所有財産である場合には、それぞれ次に定める書類

　A　代表者の資格を証する書面

　B　法人による保証が会社法第356条第１項第３号《競業及び利益相反取引の制限》、第365条第１項《競業及び取締役会設置会社との取引等の制限》、第419条第２項《執行役の監査委員に対する報告義務等》又は第595条第１項第２号《利益相反取引の制限》の規定に該当する場合には、その提供等につき**株主総会の承認、取締役会の承認又は社員の過半数の承認を受けたことを証する書面**

イ　振替株式等

(ア) 振替株式等の種類、銘柄並びに銘柄ごとの数及び金額を記載した書類（通規11④一）

(イ) 担保として提供する振替株式等が制限行為能力者等の所有財産である場合（任意後見契約上の本人の所有財産について、当該任意後見契約上の本人が自ら担保として提供する場合を除きます。）には、次に掲げる場合に応じて、それぞれ次に定める書類

　A　法定代理人等に国税の担保提供手続について代理権が付与されているとき

　　…上記ア(ウ)Aに掲げる書類

　B　保佐人又は補助人に国税の担保提供手続について代理権が付与されておらず、保佐人又は補助人の同意が必要とされているとき

　　…上記ア(ウ)Bに掲げる書類

(ウ) 担保として提供する振替株式等が法人の所有財産である場合には、上記ア(エ)に掲げる書類

ウ　土地、建物等及び鉄道財団等の財団（以下「不動産等」という。）

(ｱ)　担保として提供する**不動産等の登記事項証明書**その他の登記又は登録がされている事項を明らかにする書類（通規11⑤一イ、二イ、三イ）

(ｲ)　担保として提供する**不動産等の評価の明細**（固定資産課税台帳に登録された価格について市町村長が交付する証明書を含みます。）（通規11⑤一ロ、二ロ、三ロ）

(ｳ)　**抵当権設定登記承諾書**その他の抵当権の設定登記又は登録について不動産等の所有者が当該設定を承諾する旨の書類（当該所有者の記名押印があるものに限ります。）（通規11⑤一ハ、二ハ、三ハ）

☞　「抵当権設定登記承諾書」217頁参照

(ｴ)　不動産等の所有者の**印鑑証明書**（通規11⑤一ニ、二ニ、三ニ）

(ｵ)　担保として提供する財産が建物等である場合には次に定める書類（通規11⑤二ホ、ヘ）

A　保険業法第2条第1項《定義》に規定する保険業その他これに類する事業を行う者に対して提出する書類で担保となる建物等に付された保険に係る保険金請求権に**質権**を**設定**することの**承認を請求するための書類**

B　担保として提供する建物等に付された保険に係る**保険証券の写し**

☞　参考「建物に火災保険が付されている場合」215頁参照

(ｶ)　担保として提供する不動産等が制限行為能力者等の所有財産である場合（任意後見契約上の本人の所有財産について、当該任意後見契約上の本人が自ら担保として提供する場合を除きます。）には、次に掲げる場合に応じて、それぞれ次に定める書類

A　法定代理人等に国税の担保提供手続について代理権が付与されているとき

上記(2)ア(ｳ)Aに掲げる書類のほか、抵当権設定登記承諾書その他の抵当権の設定登記又は登録について不動産等の所有者が当該設定

を承諾する旨の書類（法定代理人等の記名押印があるものに限ります。）及び法定代理人等の印鑑証明書

(注) この場合には、上記(ウ)及び(エ)に規定する書類等の提出は要しません。

B 保佐人又は補助人に国税の担保提供手続について代理権が付与されておらず、保佐人又は補助人の同意が必要とされているとき

上記(2)ア(ウ)Bに掲げる書類（同意書については、保佐人又は補助人の記名押印があるものに限ります。）及び保佐人又は補助人の印鑑証明書

(キ) 担保として提供する不動産等が、法人の所有財産である場合には、上記(2)ア(エ)に掲げる書類のほか、抵当権設定登記承諾書その他の抵当権の設定登記又は登録について不動産等の所有者が当該設定を承諾する旨の書類（法人の代表者の記名押印があるものに限ります。）及び法人の代表者の印鑑証明書

(注) この場合には、上記(ウ)及び(エ)に規定する書類等の提出は要しません。

エ 税務署長等が確実と認める保証人の保証

(ア) 保証人が個人である場合

A **納税保証書**（当該保証人の記名押印があるものに限ります。）（通規11⑥一イ）

B 保証人が所有する不動産等に係る上記(2)ウ(ア)及び(イ)に掲げる書類（通規11⑥一ロ）

C 保証人の収入の状況を確認できる書類、保証人の財産及び債務の明細を記載した書類（通規11⑥一ハ）

D 保証人の**印鑑証明書**（通規11⑥一ニ）

E 保証人となる個人が制限行為能力者等である場合（任意後見契約上の本人が保証人となる場合で、当該任意後見契約上の本人が自ら

第4章　猶予に伴う担保

担保を提供する場合を除きます。）には、次に掲げる場合に応じて、それぞれ次に定める書類

(A)　法定代理人等に国税の担保提供手続について代理権が付与されているとき

　　…上記(2)ア(ウ)Aに掲げる書類のほか、納税保証書（法定代理人等の記名押印があるものに限ります。）及び法定代理人等の印鑑証明書

(注)　この場合には、上記A及びDに規定する書類等の提出は要しない。

(B)　保佐人又は補助人に国税の担保提供手続について代理権が付与されておらず、保佐人又は補助人の同意が必要とされているとき

　　…上記(2)ア(ウ)Bに掲げる書類

(イ)　保証人が法人である場合

A　納税保証書（当該保証人の代表者の記名押印があるものに限ります。）（通規11⑥ニイ）

B　保証人に係る登記事項証明書（通規11⑥ニロ）

C　保証人の代表者の印鑑証明書（通規11⑥ニハ）

D　上記(2)ア(エ)に掲げる書類

(注)　上記(ア)A、E(A)及び(イ)Aの納税保証書には、所定の金額の印紙税が課されることに留意する（印紙税法第7条別表第1第13号文書）。

☞「納税保証書」218頁参照

(3)　担保の種類ごとの提供手続

ア　国債、地方債及び社債その他の有価証券

(ア)　国債、地方債及び税務署長等が確実と認める社債その他の有価証券（下記振替株式等に掲げるものを除く。）の場合

納税者に、次の手続により国債、地方債及び社債その他の有価証券を供託させ、その供託書正本を担保提供書に添付して提出させます

（通令16①）。

　なお、供託は、可能な限り担保の提供を受けるべき税務署等の所在地にある供託所（供託有価証券の受入れを取り扱う法務局若しくは地方法務局又はその支局若しくは出張所をいいます。）にさせます（通基通54－2）。

> A　振替国債

　(A)　担保のための供託書（正副2通）を供託所に提出し、供託官から供託受理決定通知書の交付を受けます（供託規則第13条第3項、第19条第1項）。

　(B)　供託をしようとする振替国債を管理している口座管理機関（金融機関等）に供託受理決定通知書を提示し、その振替国債について日本銀行代理店の委嘱先金融機関等に開設されている供託所の口座への振替の申請を行います。

　(C)　供託官からその振替国債を受け入れた旨が記載された供託書正本の交付を受けます（供託規則第19条第3項）。

> B　地方債及び税務署長が確実と認める社債その他の有価証券
> （下記振替株式等に掲げるものを除く。）

　(A)　担保のための供託書（正副2通）を供託所に提出し、供託官から供託を受理する旨が記載された供託書正本及び供託有価証券寄託書の交付を受けます（供託規則第13①、18①）。

　(B)　供託官から交付を受けた供託書正本と供託有価証券寄託書に供託する有価証券を添えて、供託所から指定された日本銀行（本店、支店又は代理店をいいます。）に提出します。

　(C)　日本銀行からその有価証券が納入された旨の記載がなされた供託書正本の交付を受けます。

> (イ)　振替株式等の場合

　納税者に、担保提供書を提出させ、手続依頼書を交付の上、次の手続を行わせます（通令16②）。

　　　　A　手続依頼書に必要事項を記載の上、税務署長等の名義の口座の管理業務を委託する口座管理機関（以下「証券会社等」といいます。）に送付し、証券会社等に納税者（物上保証人により担保提供される場合は物上保証人。）名義の口座を開設します。

　　　　B　担保として提供する振替株式等を証券会社等の納税者名義の口座（保有欄）に振り替えた後、証券会社等に税務署長等の名義の口座（質権欄）への振替の申請を行います。

　　　　C　税務署長等名義の口座（質権欄）への振替手続を了すると、証券会社等から「担保振替に関する受入（差入）完了通知」が送付されるので、当該通知と担保提供書の記載内容を照合して、振替株式が担保として提供されたことを確認します。この場合において、当該通知は担保関係書類として取り扱います。

　　　　(注)　振替株式が担保提供されている間は、証券会社等から「残高報告書」が毎月送付されるため、その内容を確認後、担保関係書類とともに保管します。

　イ　不動産等

　　不動産等については、納税者に抵当権設定登記承諾書及び印鑑証明書等、上記(2)ウに掲げる書類を提出させ、税務署長等において、不動産登記法、立木ニ関スル法律、船舶登記令及び工場抵当法等の関係法令に従い抵当権設定の登記等を関係機関に嘱託します（通令16③）。

　　(注)　この登記については、登録免許税法第4条第1項の規定により登録免許税は課されません。

　ウ　保証人

　　保証人の作成した**納税保証書**を提出させます（通令16④）。

　　なお、納税保証書には、**保証人の印鑑証明書**（法人による保証の場合には、当該法人の登記事項証明書**及び法人代表者印の印鑑証明書**）を添付させます（通規11⑥一ニ、二ロハ）。

2 担保提供手続に当たっての留意事項

(1) 提供書類のチェック

担保提供関係書類の提出に当たっては、上記1のとおり「提出書類」及び「提出手段」が異なることから、事前に税務署等の担当窓口に相談することが望ましいでしょう。

(2) 物上保証人の意思

税務署長等は、第三者の所有財産又は保証人の保証を担保として徴する場合、納税者及びその第三者又は保証人（以下「物上保証人等」といいます。）に対して、その意思に基づき保証をしたこと、又は担保財産を提供したことを確認などのため、物上保証人等に対して、文書による照会、臨場等による面接調査によって行います。

納税者（担保提供者）

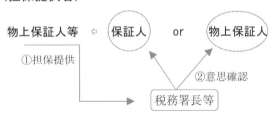

☞ 「〔36〕物上保証人の意思確認」参照

 建物に火災保険が付されている場合 ⇨ 保険金請求権に対する保全措置

担保として提供しようとする財産に保険が付されている場合には、次の手続によりその保険金請求権に対して質権を設定します（通基通54－4）。
1. 納税者から保険会社等の所定の「質権設定承認請求書」を2通提出させ（下図①）、税務署長が連署して納税者に2通とも交付します（下図②）。
2. 納税者は、この質権設定承認請求書に保険証券又は保険契約証書を添付して保険会社等に対して質権設定の請求を行います（下図③）。

第4章　猶予に伴う担保

　　なお、この質権設定に当たっては、継続契約についても併せて質権設定が継承されるよう、継続契約に基づく保険金請求権の上に質権を設定した旨を質権設定承認請求書に記載することに留意します。
3　納税者は、保険会社等から質権設定の裏書がされた保険証券若しくは保険契約証書又は質権設定承認書（以下「保険証券等」といいます。）の交付を受けた後（下図④）、法務局又は公証人役場において、質権の設定に関する書類に確定日付を受け（下図⑤）、税務署長に提出します（民法第364条、第467条参照）（下図⑥）。
4　税務署長は、提出された保険証券又は保険契約証書の質権設定の裏書及び確定日付を確認した上、当該証券等の写しを受領し、原本は納税者に返付します。当該写しは税務官庁にて保管します。

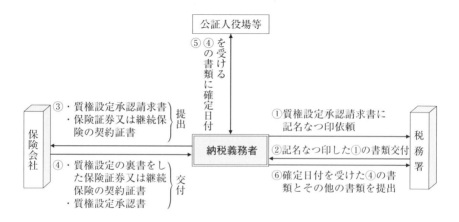

担保提供関係書類

（担保提供書）

	担 保 提 供 書								
							年 月 日		
税務署長 殿					担保提供者（納税者）	住所（所在） _____			
						氏名（名称） _____			
納税／換価 の猶予に係る下記税金の担保として、次の物件を提供します。									
猶　　　　予			税　　　　　　　　　額					担保物件の表示	
年度	税目	納期限	本税	加算税	延滞税	利子税	滞納処分費	備考	
		・・	円	円	法律による金額 円	円	法律による金額 円		
		・・			〃		〃		
		・・			〃		〃		
		・・			〃		〃		
		・・			〃		〃		
納税／換価 の猶予に係る上記税金の納税担保として、上記物件の提供を承諾します。									
				年　月　日	担保物件の所有者	住所（所在） _____			
						氏名（名称） _____			
添付書類									

（抵当権設定登記承諾書）

抵 当 権 設 定 登 記 承 諾 書

原　　　因　　令和　年　月　日納税（換価）の猶予に係る令和　　年度
　　　　　　　　税（国税に関する法律の定めによる延滞税を含む。）に
　　　　　　　ついて令和　年　月　日抵当権設定契約

債　権　額　金　　　　　円

納　税　者

　　　　　　　下記物件に上記の抵当権設定の登記をすることを承諾します。
令和　年　月　日
　　設　定　者

　　　　　　　上記の担保提供に同意します。

　　　　　　　　税　務　署　長　殿

不 動 産 の 表 示
　　別紙目録のとおり

第4章　猶予に伴う担保

（納税保証書）

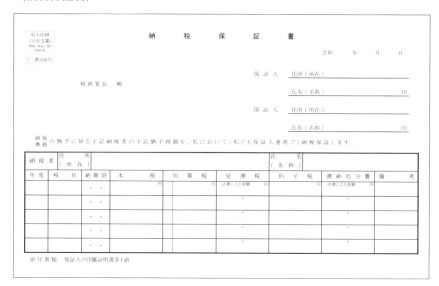

（出典：国税庁ホームページより）

[36] 物上保証人への意思確認

第三者の所有財産又は保証人の保証を担保として徴する場合には、税務署長による確認調査があると聞いていますが、どのような確認がなされるのですか。

税務署長等は、第三者の所有財産又は保証人の保証を担保として徴する場合、納税者及びその第三者又は保証人（以下「物上保証人等」といいます。）に対して、その意思に基づき保証をしたこと、又は担保財産を提供したことを確認などのため、物上保証人等に対して、文書による照会、臨場等による面接調査によって行います。

納税者（担保提供者）

解説

1 保証等の意思の確認

税務署長等は、下記2とおり、その意思に基づき保証をしたこと、又は担保財産を提供したことを確認した上で担保を徴することとしています（通基通54-6参照、猶予取扱要領42(5)）。

ただし、物上保証人等が、納税者とともに税務署等において担保を提供するために必要な手続をしたこと等により、担保を提供する意思が明らかに認められる場合は、この限りではありません。

(注) この場合は、税務署等においては、納税者及び物上保証人等が、自署押印するなど、自らの意思において担保を提供するために必要な手続をしたこと

を的確に記録しておくこととしています。

2　意思の確認事項等

確認する事項	確認の方法
①　物上保証人等が猶予に係る国税の担保として、その財産の提供又は保証をすることにつき、納税者に対して承諾を与えていること。この場合において、担保する国税（附帯税を含みます。）の額についても承諾を与えていること。 ②　担保提供書、抵当権設定の登記等の承諾書、納税保証書、委任状、供託書正本等の担保を提供するために必要な書類が納税者から提出されたものであるときは、これらの書類は真正に成立（作成名義人による作成）したものであること。 ③　上記②に掲げる書類が、第三者から提出されたものであるときは、これらの書類は、その第三者が納税者から委任を受けて提出したものであること。 　この場合においても、これらの書類が真正に成立したものであること。	物上保証人等に対して、文書による照会、臨場等による面接調査によって行います。 (注)　この場合において、臨場等による面接調査を行ったときは、その確認した事項を記載した書面に物上保証人等の署名押印（記名押印を含みます。）を徴することとしています。

［37］ 担保財産からの徴収（担保の処分）

猶予のために提供された担保財産は、どのような場合に処分されますか。

猶予を受けた者がその猶予に係る国税を猶予の期限までに納付しない場合、その担保財産の差押処分や保証人への追及が行われます。

担保の処分手続 ─ 担保物の処分（通52①）
　　　　　　　　 保証人からの徴収（通52②～⑥）

解説

1　担保の処分をする場合

税務署長等は、次に掲げるような場合には、提供された担保財産を滞納処分の例により処分して国税に充て、又は保証人にその国税を納付させることとします（通52①）。

担保の処分を行う場合（例示）

- 納税の猶予（通46）又は職権による換価の猶予（徴151）若しくは申請による換価の猶予（徴151の2）による猶予を受けた者が、その猶予に係る国税を猶予の期限までに納付しない場合
- 担保の提供がされている国税について、納税の猶予及び換価の猶予の取消しをした場合

2　担保の処分手続

担保の処分には、①「担保物の処分」と②「保証人からの徴収」があります。

ここでは、担保物の処分について、担保が金銭以外の場合についてみていきましょう。また、保証人からの徴収については後述します。

第4章　猶予に伴う担保

> 担保が金銭以外の場合

　担保物の処分は、国税徴収法の定める手続により、督促をすることなく、直ちに差押処分以降の手続を行います。ただし、供託した有価証券については、まず、供託規則の定めにより還付を受けてから、換価手続又は債権取立ての手続により金銭にした後に国税に充当します。

❖　滞納処分の例による処分

　「滞納処分の例により処分する」とは、国税徴収法第5章《滞納委処分》に規定する滞納処分手続その他滞納処分に適用される法令に定めるところにより行うことをいいます。この場合には、督促状の発付の必要はなく、直ちに担保物につき差押手続以下の処分ができます。

3　滞納者の他の財産の処分

　税務署長等は、担保財産の処分の代金が徴収すべき国税及びその処分費に充ててなお不足があると認められるときは、滞納者の他の財産について滞納処分を執行することができます（通52④）。この場合には、未督促（督促状を発付していない場合）の国税については、督促の発付が必要です。

　ここにいう「不足があると認めるとき」の判定は、必ずしも担保財産を現実に滞納処分の例により換価した結果により行う必要はなく、判定しようとする時の現況における価額（その国税に優先する債権がある場合など、処分予定価額から控除すべものがあるときは、その控除後の価額）により判定します。

> ①担保財産の処分 ＞ ②滞納者の他の財産について滞納処分 ＞

[38] 納税保証人からの徴収

納税の猶予等の担保として保証人の保証がなされている場合で、猶予申請者の猶予税額の納付がなされない場合には、その保証人に対してどのような追及が行われますか。

税務署長等は、保証人に対して、その保証に係る国税の納付を追及する場合、先に納付通知書による告知をして国税の納付を求め、保証人がその指定された期限までに納付しないときは、次に納付催告書により督促を行った上で、滞納処分へと処分が進みます。

|解説|

猶予の担保として保証人の保証がなされていた場合において、その保証人に対する追及としては、次により行われます。

1 納付通知書による告知

保証人に対して、保証に係る国税の納付を追及する場合、**「納付通知書」**（国税通則法施行規則第4号様式）による告知がなされます（通52②）。

この納付通知書には、納付させる金額、納付の期限、納付場所その他必要な事項を記載しますが、この納付の期限は、当該通知書を発する日の翌日から起算して1月を経過する日までとしています（通令19）。

2 納付催告書による督促

保証人が上記1の納付通知書に指定された期限までに納付しないときは、保証人に対して納付通知書の納付期限後50日以内に**「納付催告書」**（国税通則法施行規則第5号様式）を発して督促し（通52③）、その督促をした日か

ら起算して10日を経過した日までに完納しない場合には、その保証人に対して、滞納処分を行うことができます（通52④）。

なお、保証人の財産は、本来の納税者の財産を換価した後でなければ公売などの換価を行うことはできません（通52⑤）。

3　滞納処分ができる時期

保証人に対する滞納処分（交付要求及び参加差押えを含みます。）は、滞納者の財産について滞納処分を執行してもなお不足があると認めるときに、することができます。

もっとも、これは、滞納者の財産につき現実に処分し、その結果により不足があるときに限らず、現実に処分をしないでも不足があると客観的に認められる時であれば足ります。

　保証人に対する情報提供義務等

　　保証人は、滞納者の不履行によりその保証義務を負うことにより、上記のような追及がなされるおそれがあることから、保証人の不安定な状況に鑑み、保証人に対しては、①保証に係る納税者の履行状況に関する情報の請求、②猶予取消しの保証人への通知の規定を設けています。
1　保証に係る納税者の履行状況に関する情報の請求
　　国税の保証人についても民法第458条の2《主たる債務の履行状況に関する情報の提供義務》の規定が適用されることから、保証人となった者（個人、法人を問いません。）から、保証に係る国税につき納税者の履行状況に関する情報の請求があったときは、税務署長等は、その保証人に対し、遅滞なく、その国税の不履行の有無並びにその残額及びその不履行となっているものの額を通知しなければなりません（民458の2、通基通50－7－2参照）。
　　この場合、守秘義務を理由として、納税者の履行状況を保証人に開示することを拒むことはできません。

2　猶予取消しの保証人への通知
　　税務署長等は、納税の猶予又は換価の猶予の担保として保証人（個人に限ります。）を徴した場合において、その猶予を取り消したときは保証人に対し、取り消した日から2月以内に、「納税の猶予・換価

の猶予取消通知書」により、その取消しを通知しなければなりません（民458の３、通基通52－３－２参照）。

➢ 民法第458条の３《主たる債務者が期限の利益を喪失した場合における情報の提供義務》の規定により、その保証人から徴収できない延滞税の額が生じる場合があります（通基通49－７参照）。

第4章　猶予に伴う担保

（納付通知書）

　　国税通則法施行規則　　別紙第4号様式

別紙第4号書式　（昭41蔵令17・全改、昭46蔵令66・昭51蔵令25・平元蔵令74・平14財令20・平15財令37・平19財令17・平29財令23・平31財令12・一部改正）

　　　　　　　　　　　　　　納　付　通　知　書

保証人
住　所　　　　　　　　　　　　　　　　　　　　　　　税務署長　　　　　　年　月　日
氏名又は名称　　　殿　　　　　　　　　　　　　　　　　　　　　　　官　氏　　名㊞

　あなたは、保証人として、下記納税者の滞納国税及び滞納処分費につき、下記金額の国税を納付しなければならないこととなりましたので、納付の期限までに納付して下さい。

納税者	納税地					氏名又は名称				
滞納国税等	年度	税目	納期限	本　税	加算税	加算税	延滞税	利子税	滞納処分費	備考
				円	円	円	法律による金額　　　円	円	法律による金額　　　円	
							〃		〃	
							〃		〃	
							〃		〃	
上記納税者の滞納国税及び滞納処分費につき、あなたが保証人として納付すべき金額										円
納付の期限	年　　月　　日					納付場所	日本銀行の本店、支店、代理店若しくは歳入代理店又は当税務署			

備　考
1　用紙の大きさは、日本産業規格A列4とする。
2　国税局又は税関において発行する場合には、この書式中「税務署長」又は「税務署」とあるのは、それぞれ「国税局長」若しくは「国税局」又は「税関長」若しくは「税関」とする。
3　第1号書式備考5及び15は、この書式について準用する。この場合において、同書式備考中「納税者の納税地」とあるのは、「保証人の住所」と読み替える。

（納付催告書）

　　国税通則法施行規則　　別紙第5号様式

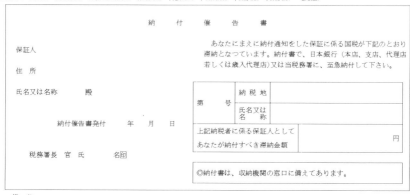

備　考
　　第4号書式備考は、この書式について準用する。

第5章

滞納処分の停止

第5章　滞納処分の停止

［39］　滞納処分の停止の概要

生活が困窮し納付が困難な場合、「滞納処分の停止」という制度があると聞いていますが、どのような場合に適用されますか、その概要について教えてください。

「滞納処分の停止」は、差押えるべき財産がない場合、生活が困窮し納付が困難などの事由がある場合に、滞納処分の執行を停止する制度です。これは税務署長等の職権で行われるもので、滞納者から申請することはできません。

よって、そのような事由がある場合は、税務署徴収部門にご相談ください。

滞納者の状況…
無財産、生活困窮、所在不明　⇨　　（停止期間経過後）　

解説

1　滞納処分の停止の概要

「滞納処分の停止」とは、滞納者について、財産がないとき、財産が不明なとき等滞納処分を執行しても、その実益がないと認められる所定の事由がある場合又は滞納処分の執行をすれば、滞納者の生活を著しく窮迫の状態に追い込む危険がある場合において、滞納処分の執行を停止することです（徴153）。

その停止後3年以内に、滞納者の資力回復等により停止の事由がなくなったときは、その停止を取消したうえで滞納処分を再開します。

また、納税資力が回復しないことから、当該停止を取り消すことなく3年を経過したときは、当該期間の経過時において滞納者の納税義務は消滅します。

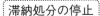 ⇨ （停止3年経過） ⇨ 納税義務の消滅

↓ 停止期間中・取消し

↓

2　職権による「滞納処分の停止」

　滞納処分の停止は、税務署長等の職権により行われます。

　例えば、滞納者自らの滞納処分の停止の要件に該当する旨の申出がなされた場合においても、あくまでも税務署長等の判断により行われます。

参考　停止するかどうかは税務署長の裁量に委ねられていると解されています（東京地判平成28年12月21日等）。

第5章　滞納処分の停止

[40] 滞納処分の停止の具体的な要件

国税徴収法第153条に規定する停止の要件として、「生活を著しく窮迫させるおそれがあるとき」という事由がありますが、具体的にはどのような状況をいいますか。

また、その他の要件についても教えてください。

停止の要件の一つである「生活を著しく窮迫させるおそれがあるとき」とは、例えば滞納者が生活保護法の適用を受けなければ生活を維持できない程度の状態になるおそれのある場合をいいます。

その他の要件にいては、解説で詳述します。

滞納処分の停止事由　①無財産　②生活困窮　③所在・財産不明

解説

1　要件

税務署長等は、滞納者が次に掲げるいずれかの事由に該当すると認められるときは、職権により、滞納処分の停止をすることができます（徴153①）。

- 滞納処分の執行等*をすることができる財産がないとき（無財産・1号）
- 滞納処分の執行等をすることによって滞納者生活を著しく窮迫させるおそれがあるとき（生活困窮・2号）
- 滞納者の所在及び滞納処分の執行等をすることができる財産がともに不明であるとき（所在・財産不明・3号）

(注)　「滞納処分の執行等」とは、滞納処分の執行及び租税条約等の規定に基づく当該租税条約等の相手国等に対する共助対象国税の徴収の共助の要請による徴収をいいます。

> 停止の要件の追加…「滞納処分の執行等」

　平成24年の改正において、税務行政執行共助条約等における徴収共助等に関する規定についての国内担保法の整備に伴い、<u>国税について徴収共助の要請による徴収の状況を含めて</u>、その執行を停止する事実があるかどうかを判断することとされています。

2　各要件の解釈

滞納処分の停止の要件の具体的な内容は、次のとおりです。

(1) 財産がない（1号）

「滞納処分の執行等をすることができる財産がないとき」とは、差押えの対象となりうるすべての財産について差し押さえ、換価処分が終わったが、なお徴収すべき滞納処分費及び国税があるときをいいます。

この場合において、取立てが不能と認められる債権で差押えを解除したもの又は国税徴収法第48条第2項（無益な差押の禁止）、第75条（一般の禁止財産。同条第2項に該当する場合を除きます。）、第76条第2項（差押禁止に係る給料に相当する金銭も差押禁止財産。同条第5項に該当する場合を除きます。）の規定に該当する財産は、差押えの対象となる財産に含まれません。

参考　国税徴収法基本通達第153条関係2

滞納処分の停止をするかどうかを判定する時において、次に掲げる場合のいずれかに該当するときをいいます（徴基通153-2）。

(1) 既に差し押さえた財産及び差押えの対象となり得る財産の処分予定価額が、滞納処分費（判定時後のものに限ります。）及び国税徴収法第2章第3節《国税と被担保債権との調整》の規定等により国税に優先する債権の合計額を超える見込みがない場合
(2) 差押えの対象となり得る全ての財産について差し押さえ、換価（債権の取立てを含みます。）をした後に、なお徴収できない国税がある場合

(2) 生活を著しく窮迫させる場合（2号）

　滞納者（個人に限ります。）の財産につき滞納処分の執行又は徴収の共助の要請による徴収をすることにより、滞納者が生活保護法の適用を受けなければ生活を維持できない程度の状態（国税徴収法第76条第1項第4号に規定する金額で営まれる生活の程度）になるおそれのある場合をいいます（徴基通153－3）。

　したがって、滞納者が差押禁止財産以外に多少の財産を有していても、所得が僅少であり又はその安定性がなく、生活維持の前途が不安視され、扶養親族を含めた滞納者の生活を維持するためにその財産を生活費に充てつつある場合、又は近い将来かかる事態に立ち入るおそれが多いと認められる場合は、これに該当すると考えられます。

(3) 所在及び財産がともに不明の場合（3号）

　滞納者の住所又は居所及び財産がともに不明の場合に限り適用されます（徴基通153－4）。

　したがって、滞納者の所在が不明であっても、差押え又は徴収共助の要請による徴収の対象となる財産があれば、その財産について滞納処分又は徴収の共助の要請をすることができるので、滞納処分の停止の事由はありません。

3　停止該当と交付要求等

(1) 停止と交付要求

　滞納者の財産について他の公租公課又は私債権等により滞納処分等の強制換価手続が行なわれ、その執行機関に対して交付要求（参加差押えを含みます。）をしている場合には、交付要求に基づく配当金の受入金の充当が考えられるので、滞納処分の停止をすべきではありません。

　ただし、交付を受けうる金銭がないことが明白であると認められるときは、滞納処分の停止をして差し支えありません（徴基通153－6）。

(2) 停止と第二次納税義務者への追及

　<u>第二次納税義務者から徴収できる場合、主たる納税者の国税については、滞納処分の執行の停止はすべきではありません。</u>

　なお、第二次納税義務者については、滞納処分の執行の停止ができる事実がある場合には、主たる納税者の財産の状況等にかかわらず、その第二次納税義務につき滞納処分の執行の停止をすることができます（徴基通153－7）。

第5章　滞納処分の停止

[41] 滞納処分の停止における申請の可否

　　滞納処分の停止は、税務署長等の職権により行われると聞いていますが、滞納者が停止を求めるための申請することはできますか。
　　また、停止の要件に該当する事実が発生した場合、滞納者としてはどのように対応すればいいのでしょうか。

　　滞納処分の停止はあくまでも、税務署長等の職権により行われるもので、停止の要件に該当する事実が発生した場合において、その旨を申請して認めてもらう制度にはなっていません。
　　よって、停止の要件に該当するような事由が発生した場合には、その旨を税務署長等にその事情等を申し述べて、職権で認めてもらう必要があります。

解説

1　職権による滞納処分の停止

　滞納者について、財産がないとき、財産が不明なとき等滞納処分を執行しても、その実益がないと認められる所定の事由がある場合又は滞納処分を執行すれば、滞納者の生活を著しく窮迫の状態に追い込む危険がある場合等において、滞納処分の停止を行い、その停止後3年以内に納税資力の回復等の事情の変化がない場合は消滅することとしています（徴153①）。

　このような滞納者の事情は、財産調査等の滞納整理を行う中で、滞納者の個々の事由の把握により、負担の公平の原則を踏まえ、徴収職員の合理的な判断の下、職権で行うこととしています。

(職権)　例えば、滞納者から滞納処分の停止の要件に該当する旨の申出がなされた場合においても、あくまでも、税務署長等の判断により行われます。

停止するかどうかは税務署長の裁量に委ねられていると解されています（東京地判平成28年12月21日等）。

2 停止該当要件が生じた場合の対応

滞納処分の停止は、職権で行われるものですが、常に個々の滞納者の状況を把握しているとは限らないことから、滞納者においても停止の要件に該当するような事由が発生した場合には、その旨を税務署長等にその事情等を申し述べて、停止を認めてもらう必要があります。

➤ 積極的な資料提出と説明

3 不服申立ての可否

滞納処分の停止は、税務署長等の職権をもって、法の定める一定の要件の下に、滞納処分の執行を棚上げしようとするものです。したがって、滞納者は、滞納処分の停止を受けないことについて、不作為の不服申立て又は訴えを提起することはできません（徴基通153－5）。

第5章 滞納処分の停止

［42］ 停止事案における税務署等の処理手続

　滞納処分の停止を行うに当たり、税務署長等における処理手続を説明してください。

　税務署長等は、滞納者において停止の要件に該当すると見込まれた場合、その適否検討のため調査を行い、そのうえで滞納処分の停止を行います。

解説

滞納者について、財産がないとき、財産が不明なとき等滞納処分を執行しても、その実益がないと認められる所定の事由がある場合又は滞納処分を執行すれば、滞納者の生活を著しく窮迫の状態に追い込む危険がある場合等において、滞納処分の停止を行うこととしています（徴153①）。

このような滞納者の事情は、財産調査等の滞納整理を行う中で、下記のような滞納者の個々の事由の把握により、負担の公平の原則を踏まえ、徴収職員の合理的な判断の下、職権で行うこととしています。

1　滞納処分の停止の適否

税務署長等は、滞納者の財産調査及び滞納者宅の臨場等において、滞納者の生活、事業の継続状況から、今後の滞納税金の履行が困難と把握される滞納事案については、「滞納処分の停止事案」として処理を進める判断を行います。このような判断に至るまでに、滞納者からの納付困難な状況を聴取するとしても、あくまでも滞納処分の要件に該当するか否かの判断は、税務署

長等の自らの判断により行われます（徴基通153－5参照）。

　　滞納処分の停止　要件に該当するか否かを判断　⇨　職　権

2　停止の適否検討チェック

　税務署長等は、滞納者において停止の要件に該当するか否かの判断のため、滞納処分停止事案の該当要件の事実を「滞納諸処分適否検討表」等のチェック表を用い、滞納者及び第二次納税義務の追及の可否の検討等のため特殊関係者に対する調査等を行った上で、その適否の判断を行います。

☞　後述251頁以下、「滞納処分の停止適否検討表等」参照

3　停止の通知

　上記2の検討を踏まえ、税務署長等は、滞納処分の停止をしたときは、滞納者に対し、その旨を原則として書面で**通知**しなければなりません（徴153②、徴基通153－9）。

　滞納処分の停止の通知は、滞納者の財産につき強制的な措置としての滞納処分を棚上げしたことを滞納者に対し了知させるためのもので、原則として書面で行います。

> ➤　滞納処分の停止の通知は、その処分についての効力要件ではなく、この通知を行わなかったとしてもその効力には影響がないことから、滞納者の所在が不明な場合は通知書の送達（公示送達）は要しません。

第5章　滞納処分の停止

[43]　滞納処分の一部停止

　滞納処分の停止は、滞納国税の全額について行われますか。滞納国税の一部を停止することはありませんか。

　滞納処分の停止は、原則として、滞納者の有する滞納国税の全部について行います。

　ただし、強制換価手続の執行機関に対して交付要求をしているが、その執行機関からの配当を受けるまでに長期間を要すると認められる場合は、一部停止をすることができます。

|解説|

　滞納処分の停止は、原則として、滞納者の有する滞納国税の全部について行います。

　ただし、次のいずれかに該当する場合において、徴収可能と認められる金額に相当する金銭の配当が見込まれる滞納国税以外の滞納国税について、滞納処分の停止をすることができると認められるときは、その滞納国税について滞納処分の停止をして差し支えありません。

　この場合においては、滞納処分の停止の通知に際し、その旨を明らかにすることとします（徴基通153－8）。

① 滞納処分により差し押さえた債権について、その全部又は一部の取立てに長期間を要すると認められる場合
② 強制換価手続の執行機関に対して交付要求をしているが、その執行機関からの配当を受けるまでに長期間を要すると認められる場合
③ 滞納処分により差し押さえた不動産について、その不動産を再公売に付しても売却できないなど換価に長期間を要すると認められる場合

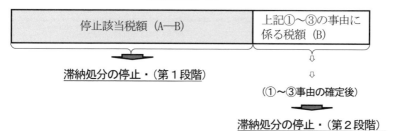

第5章　滞納処分の停止

[44] 滞納処分の停止の効果

　滞納処分の停止が認められた場合、どのような効果がありますか。

　滞納処分の停止が認められた場合、次のような効果があります。

滞納処分の停止の効果　…　滞納処分の禁止
　　　　　　　　　　　　　差押えの解除
　　　　　　　　　　　　　停止期間経過後の消滅
　　　　　　　　　　　　　延滞税の免除

解説

1　滞納処分の禁止

　滞納処分の停止をしたときは、その停止の期間中は、停止に係る国税について、新たな滞納処分はできません。ただし、交付要求又は参加差押えは行うことができます。

納付等

　停止期間中であっても、滞納者が任意に国税を納付したときは、その納付に係る金額を収納し、また、過誤納金等の還付又は交付要求に係る受入金があるときは、停止後収入として、国税に充てることができます（徴基通153－11参照）。

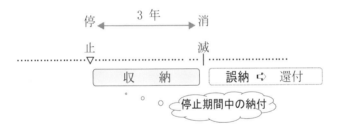

2　差押えの解除

滞納処分の停止要件2号該当（生活困窮）により停止した場合において、その停止に係る国税について差し押さえた財産があるときは、その差押えを解除しなければなりません（徴153③）。

> 滞納処分を停止している期間中は、その停止係る国税につき新たな差押えをすることはできません。既に差し押さえた財産についてその差押えを解除しなければなりません（徴153③）。
> なお、滞納処分の停止をした場合においても、交付要求又は参加差押えをすることはできます。この場合において、参加差押えが差押えの効果を生じたときは、国税徴収法第153条第3項の規定に該当することがあります（徴基通153－10参照）。

3　納税義務の消滅

滞納処分の停止をした場合において、滞納処分の停止が取り消されることなく3年間継続したときは、停止した国税の納税義務は法律上当然に消滅（下図①）します（徴153④）。

なお、国税徴収法第153条第1項第1号の規定により滞納処分の停止をした場合において、その国税が限定承認係るものであるとき、その他その国税を徴収することができないことが明らかであるときは、停止した国税の納税義務を直ちに消滅（**停止即消滅**、下図②）させることができます（徴153⑤）。

> この「3年間継続したとき」とは、滞納処分の停止をした日の翌日から起算して3年を経過した日をいいます（徴基通153－15）。

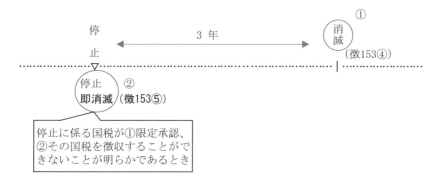

第5章　滞納処分の停止

☞　後述、「納税義務の消滅の特例」参照

❖　停止期間中の消滅時効

　滞納処分の停止の期間中でも、徴収権の消滅時効は進行するので、消滅時効が完成すれば、滞納処分の停止期間内でも納税義務は消滅します（徴基通153－12）。

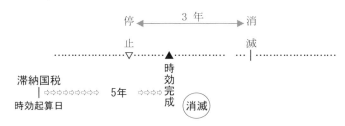

➤　滞納処分の停止には、時効更新の効力がなく、停止期間中であっても徴収権の消滅時効は進行するので、停止後3年を経過する前に徴収権の消滅時効が完成する場合には、その時点で納税義務は法律上当然に消滅します。
　また、この場合の3年の期間は、除斥期間と考えられることから、消滅時効の期間と異なり、その時効の完成猶予及び更新の制度はありません。
　すなわち、滞納処分の停止期間中に、納付、捜索、交付要求等の時効の完成猶予及び更新事由があった場合でも、停止期間が満了したときは、納税義務は消滅します。

❖　延滞税の消滅

　国税徴収法第153条第4項（停止後3年経過）又は第5項（停止即消滅）の規定により滞納処分の停止をした国税の納税義務が消滅した場合においては、その延滞税についても、その納付の義務は消滅します（徴基通153－13）。

4　延滞税の免除

　滞納処分の停止をした場合には、当該停止期間中の延滞税負担の軽減を図るため停止をした国税に係る延滞税のうち、その停止をした期間に対応する

部分の金額に相当する金額は免除されます（通63①、下図）。この場合の「停止した期間」とは、その停止した日から起算してその取消しの日又は停止に係る国税の完納等による納税義務の消滅の日をいいます（徴基通153－14）。

《図示》　滞納処分の停止と延滞金の免除

- ❖ 滞納処分の停止の取消しと延滞税の免除

　　停止期間中の延滞税は、その全額が免除の対象となりますが、滞納処分の停止の取消しの原因となる事実が生じた場合には、その事実が生じた日以後の期間に対応する部分の金額については免除しないことができます（徴63①ただし書）。

《図示》

第5章　滞納処分の停止

［45］　納税義務の消滅の特例（停止即消滅）

　滞納処分の停止には、停止期間の3年の経過を待たず、「即時に消滅する」場合があると聞いていますが、どのような場合ですか。

　滞納処分をすることができる財産がないため滞納処分の執行を停止した場合において、その国税が限定承認に係るものであるときその他国税を徴収することができないことが明らかであるときは、停止継続の3年の期間を待たずに、国税を納付する義務を直ちに消滅させることができます。

解説

1　納税義務の消滅の特例（停止即消滅）

　滞納処分をすることができる財産がないことにより、滞納処分の執行を停止した場合において、①その国税が限定承認に係るものであるとき、②その他国税を徴収することができないことが明らかであるときは、停止処分のまま3年を経過する日まで待って納税義務を消滅させることは実益がないので、税務署長等は、その国税の納税義務を直ちに消滅させることができます（徴153⑤）。

　即消滅　⇒　①限定承認
　　　　　　　　②徴収金を徴収することができないことが明らかであるとき

2　「国税を徴収することができないことが明らかであるとき」とは

　滞納処分の停止即消滅の要因となる一つの「国税を徴収することができないことが明らかであるとき」とは、次のようなときをいいます（徴基通153−16）。

① 限定承認をした相続人が相続によって承継した国税を有する場合において、その相続による相続財産について滞納処分ができるものがない場合
② 相続人が不存在の場合又はすべての相続人が相続を放棄した場合において、相続財産法人について滞納処分の執行等をすることができる財産がないとき
③ 解散した法人又は解散の登記はないが廃業して将来事業を再開の見込みが全くない法人について、滞納処分できる財産もない場合
④ 株式会社又は協同組織金融機関等について会社更生法又は金融機関等の更生手続の特例等に関する法律による更生計画が認可決定された場合において、更生債権である国税を期日までに届け出なかったため、更生計画により認められず、会社更生法第204条《更生債権等の免責等》又は金融機関等の更生手続の特例等に関する法律第125条《更生債権等の免責等》等の規定により免責された場合

3　滞納者に対する通知

　納税義務の消滅の特例（停止即消滅）により納税義務が消滅した場合における滞納者への通知に関する規定はありませんが、滞納処分の停止をした場合の滞納者への通知（徴153②）、事柄の性質上から滞納者に書面により通知する取扱いとされています（徴基通153－17）。

第5章　滞納処分の停止

［46］　停止期間中における事後調査（監査）

　滞納処分の停止期間中に、税務署長等が滞納者の財産状況の変化等についての調査（確認）を行うことはありますか。

　滞納処分の停止は、無財産、生活困窮及び所在・財産不明が認められる場合に、一旦、滞納処分の執行を見合わせ、その後の滞納者の様子を伺いながら、同様の状態が3年継続したときに、納税義務を消滅されるものです。

　よって、税務署長等は、滞納処分の停止を行った場合において、停止後の3年経過後の納税義務が消滅するまでの間に、滞納者の財産ないし所在について定期的に調査（監査）を行うこととしています。

解説

　滞納処分の停止は、停止即消滅（徴153⑤）に該当する場合を除き、無財産、生活困窮のおそれ、所在・財産不明が認められる場合に、一旦、滞納処分の執行を見合わせ、その停止期間中の滞納者の様子を伺いながら、同様の状態が3年継続したときに、納税義務を消滅されるものです（徴153④）。

　よって、税務署長等は、この停止期間中において、滞納者の納税資力の回復がなされた場合は、他の納税者の負担の公平の観点から、停止を継続することは滞納処分の停止制度の趣旨に反することから、この停止期間中には、滞納者の資力の回復等の有無を定期的（年1回程度）に調査を行うこととしています。

1　停止期間中の資力回復等の状況等

　停止期間中の滞納者の資力回復等には、次に掲げる事由が考えられることから、納税義務が消滅する前に納税資力が回復したかどうかの調査等が行われます。

《事後調査でのチェック事項（例）》
・　個人の滞納者が、新たな職業に就き、多額の収入を得るようになった事実の有無
・　個人の滞納者が、相続により財産を取得した事実の有無
・　事業を休止していた法人が、新たな事業を再開した事実の有無　等々

2　停止期間中の調査

　税務署長等は、停止期間中に、文書照会等により、上記1のような納税者の資力回復等の事由の発生の有無等の調査・確認を行います。

　その結果、滞納者について納税資力が回復するなどにより停止要件に該当しなくなった事実が認められるきは、滞納処分の停止の取り消しが行われます。

第5章　滞納処分の停止

［47］　滞納処分の停止の取消し

　滞納処分の停止を受けた場合、その停止期間中に停止が取り消されることはありますか。
　また、停止の取消しが行われた場合に、その通知は行なわれますか。

　滞納処分の停止をした後3年以内に、その停止ができる要件を欠くに至った場合に、税務署長等はその停止を取り消さなければなりません。
　この場合、滞納者に取消した旨の通知が行なわれます。

| 滞納処分の停止の取消しの通知 | ⇨ | 滞納処分の再開の要件 |

解説

1　停止の取消しの要件等

　税務署長等は、滞納処分の停止をした後3年以内に、その停止に係る納税者につき停止の要件（国税徴収法第153条第1項各号）に該当する事実がないと認めるときは、その停止を取り消さなければなりません（徴154①）。

滞納処分の停止取消し事例

　滞納処分の停止を取り消す事例としては、例えば、次のような事例が該当すると考えられます。

- 差押えができる財産の価額の騰貴により、国税に優先する債権額に充て残余を得る見込みが生じたとき
- 滞納者の生活が著しく窮迫の状態に陥らしめるおそれがなくなったとき

- 国税に優先する債権についての免除又は放棄等により、差押えができる財産から国税を徴収することができると認められることとなったとき
- 新たに差押え可能な財産を有するに至ったとき（債権の取立て不能のために滞納処分の停止をした後、第三債務者が資力を回復して取立て可能な状態に至った場合を含みます。）
- 滞納者の財産があると認められる国との間に徴収共助に関する規定を有する租税条約等が締結されたとき

> 取消しができる事由
> 　国税徴収法第153条《滞納処分の停止の要件等》の「第1項各号に該当する事実がない」とは、例えば、同条第1項第1号（無財産）の規定により停止をした場合、その号の事実がなくなっても第2号（生活困窮）の事実があれば取消しはできませんし、また同項第3号（所在不明）の事実がなくなっても同項第2号の事実があれば取消しはできません。このように停止の起因となった事実がなくなっても、他の各号の全ての事実がない場合でなければ、取消しはできません（徴基通154－1）。

2　停止の取消しの通知

　滞納処分の停止を取り消したときは、税務署長等は、その旨を滞納者に通知しなければなりません（徴154②）。

> 滞納処分の停止の取消しの通知は、滞納処分の再開の要件となるものであり（仙台高判平成29.2.24）原則として書面により行うべきですが（徴基通154－3）、緊急の場合には口頭をもって行っても差し支えないと解されています。

3　停止の取消しの効果

　滞納処分の停止の取消しは、停止の取消しの事由が生じたことにより、その停止処分を将来に向かって撤回するものであることから、その取消しの効果は、停止処分の始期まで遡るものではありません。

第5章　滞納処分の停止

したがって、停止に伴い差押えの解除を行った場合（徴153③）には、停止取消の効果はその差押解除の効力には影響を及ぼしません。このため、徴収上差押えを要する場合には、この滞納処分の執行の停止の取消し後に、新たに差押えを行うことになります。

❖　違法な滞納処分の執行の停止が行われていた場合

　　当初から停止できる要件を欠いていたにもかかわらず、滞納者の不正行為等により違法な滞納処分の執行の停止が行われていた場合においては、国税徴収法第154《滞納処分の停止の取消》の取消しではなく、一般の違法な行政処分の取消しとして、当初の滞納処分の始期に遡ってその効果が生じます。

4　停止の取消しと不服申立て場合

取り消すべき理由がないにも拘わらず行われた税務署長等の「滞納処分の停止の取消し」は、違法の取消しとして、不服申立ての対象となります。

❖　滞納処分の停止の取消しと延滞税の免除

　　　　☞　前述「滞納処分の停止の効果」の「4　延滞税の免除」242頁参照。

《参考資料》滞納処分の停止のための調査・適否検討表

《滞納処分の停止決定調査書》（例示）

共　通		
適用条項の説明	（摘要条項）　国税徴収法第153条第1項○号該当	（次葉参照）
課税原因の説明	（課税原因及び課税内容） （今後の課税見込み）	
滞納の原因		

個人の場合					
滞納者の状況	（家族の状況） （生計維持の根拠） （生計の現状）				
事業の概況	（事業の現況等） （将来の見通し）				
第二次納税義務者等の検討	（第二次納税義務者又は詐害行為の有無） （納税義務の承継又は連帯納税義務の有無）				
国税等及び負債の状況	種類	債権者名	現在額	処理状況等	
その他参考事項					

〈停止事由〉各号適用該当事例等（例示）

1号（無財産）	☐　滞納処分終了 ☐　差押えの対象となり得る財産なし ☐　預金残高　　　　　円 ☐　給料等差押禁止額以下 ☐　滞納処分（換価）における準備で費用倒れ
2号（生活困窮）	☐　生活保護法の保護 ☐　住民税非課税 ☐　世帯収入が給料等の差押え禁止額以下 ☐　失業・廃業 ☐　本人、生計を一にする親族が高齢・要介護 ☐　その他 ☐　保有を認める資産（不動産・自動車・生命保険・預金） （理由）

第5章　滞納処分の停止

3号（所在財産不明)	☐ 住民票登録無 ☐ 住民登録職権削除 ☐ 住民票保存期間経過 ☐ 海外出国・再入国の見込みなし ☐ 本店所在地に事務所なし ☐ その他
5号 即時消滅	☐ 限定承認 ☐ 資力回復見込みなし（○歳以上・要介護・身体障害・その他） ☐ 法人の破産 その他（　　　　　　　　）

《滞納処分の停止適否検討表》
決裁までの調査項目等

滞納処分の停止適否検討表

滞納者 _____

区分	調査事項	調査済・未了	要調査事項	調査結果	停止の適否
滞納者等の概況	事業・生業の状況	済 ・ 未			適・否
	資力の状況	済 ・ 未			適・否
	家族の状況	済 ・ 未			適・否
	役員、保証人、第二次納税義務等の現況	済 ・ 未			適・否
課税関係	課税内容の調査	済 ・ 未			適・否
	新規課税（現年分）	済 ・ 未			適・否
	上記の納付見込み	済 ・ 未			適・否
所在財産調査	戸籍（附票）・住民票・現地	済 ・ 未			適・否
	給与等	済 ・ 未			適・否
	生命保険等	済 ・ 未			適・否
	固定資産	済 ・ 未			適・否
	自動車	済 ・ 未			適・否
	敷金	済 ・ 未			適・否
	売掛金（取引先）	済 ・ 未			適・否
	捜索	済 ・ 未			適・否
	第二次納税義務等の追及	済 ・ 未			適・否
	国税・他の地方税の徴収状況	済 ・ 未			適・否
その他	（滞納者との接触事績等から調査を要すると認められる事項等）	済 ・ 未			適・否

第6章

納税緩和制度における
その他留意事項

第6章　納税緩和制度におけるその他留意事項

［48］　納税の猶予等と延滞税

　納税の猶予等の期間中においても延滞税が課されますか。
また、猶予期間中は延滞税が軽減されると聞いていますが、どのようになるのでしょうか。

　納税の猶予等の期間中においても、延滞税が課されますが、その割合は措置法の定める猶予特例基準割合（令和6年の場合は、年0.9％、下図例3）が適用されます。

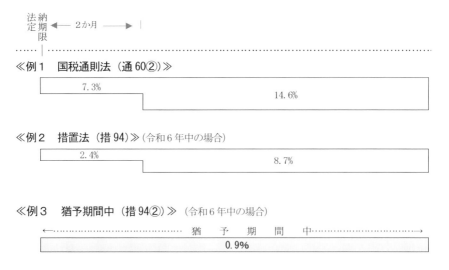

|解説|
　納税者が納付すべき国税を法定納期限までに完納しない場合には、期限内に納付した者との権衡を図る必要があること、併せて国税の期限内納付を促進させる見地から未納の国税の納付遅延に対する遅延利息に相当する延滞税が課されます（通60）。

1 延滞税の割合

(1) 国税通則法第60条第2項（本則）による延滞税

延滞税の割合は、国税通則法第60条第2項により、法定納期限の翌日から、その国税を完納する日までの期間に応じ、未納額に対し年14.6％の割合で計算します。ただし、納期限までの期間及びその翌日から起算して2か月を経過する日までの期間ついては、この割合は、年7.3％となっています（上図例1）。

(2) 租税特別措置法（特例）による延滞税

延滞税の割合は、著しく低い金利の状況に対応して延滞税の軽減を図るため租税特別措置法にその特例が設けられ、同法第94条第1項の定めにより、次表のとおり、延滞税が軽減されます（措94①、上図例2）。

また、納税の猶予等の期間中の延滞税の割合については、次表のとおり、猶予特例基準割合が適用されます（上図例3）。

❖ 延滞税割合

		内　容	本　則	特例（租税特別措置法）	令和6年中の割合
延滞税		法定納期限を徒過し履行遅滞なった納税者に課されるもの	14.6％	延滞税特例基準割合（平均貸付割合＋1％）＋7.3％（措置法第94条第1項）	8.7％
	2か月以内等	納期限後2か月以内等については、早期納付を促す観点から低い利率	7.3％	延滞税特例基準割合（平均貸付割合＋1％）＋1％（措置法第94条第1項）	2.4％
	納税の猶予等	事業廃止等による納税の猶予等の場合には、納税者の納付能力の減退といった状態に配慮し、軽減（災害・病気等の場合には全額免除）	2分の1免除（7.3％）	猶予特例基準割合（平均貸付割合＋0.5％）（措置法第94条第2項）	0.9％

➢ 「延滞税特例基準割合」とは、
平均貸付割合（各年の前々年の9月から前年の8月までの各月にお

第 6 章　納税緩和制度におけるその他留意事項

　　　　ける銀行の短期貸付けの約定平均金利の合計を12で除して計算した割合として各年の前年の11月30日までに財務大臣が告示する割合）に年１％の割合を加算した割合をいいます（措94①）。
　　➢　「猶予特例基準割合」とは
　　　　平均貸付割合に年0.5％の割合を加算した割合をいいます（措94②）。

2　納税の猶予等をした国税に係る延滞税

　納税の猶予等がなされた国税については、例えば事業の廃止等など、納税者の納付資力の減退といった状態に配慮して納税を猶予するものであり、早期納付を促す効果が求められる度合いは比較的低いと考えられるため、納税の猶予等をした国税に係る延滞税については、通常の利子部分のみの金額（猶予特例基準割合に相当する額）となるよう延滞税免除を定めたものです（措94②）。

[49] 納税の猶予等の場合の延滞税の免除

納税の猶予、換価の猶予及び滞納処分の停止が行われた場合、延滞税が免除されると聞いていますが、具体的にはどのような免除になりますか。

国税通則法第63条には、延滞税の免除に関する規定があります。詳細は、解説にて詳述します。

解説

国税通則法第63条では、次に掲げるとおり、納税の猶予がされた場合その他一定の場合には、延滞税の軽減、免除に関して規定しています。

条項	内　　　容	免　除　期　間　等
第1項	・相当な損失による納税の猶予（通46①） ・災害・病気等による納税の猶予（通46②一二五） ・滞納処分の執行の停止（徴153）	猶予期間又は停止期間に対応する延滞税（全額）
	・事業廃止等による納税の猶予（通46②三四五） ・課税手続遅延による納税の猶予（通46③） ・換価の猶予（徴151、151の2）	猶予期間に対応し、かつ、年7.3％を超える部分（1/2免除）
第2項	・災害等による期限の延長（通11）	延長期間に対応する延滞税（全額）
第3項	・事業廃止等による納税の猶予（通46②三四五） ・課税手続遅延による納税の猶予（通46③） ・換価の猶予（徴151、151の2） ・財産の状況が著しく不良で、その事業の継続又は生活の維持が著しく困難 ・事業又は生活の状況により延滞税の納付が困難	やむを得ない期間に対応する延滞税（猶予期間に対応する年7.3％部分の延滞税）
第4項	徴収の猶予	年7.3％を超える部分

第6章　納税緩和制度におけるその他留意事項

第5項	財産の差押え 担保の提供があった場合	年7.3%を超える部分
第6項	（記載省略）	（記載省略）

❖　免除の時期

　　延滞税の免除は、免除の期間が経過したときに、既に生じた延滞税について行います。ただし、その期間の経過前においても、その期間経過後確実に免除することができると認められる場合には、将来生ずべき延滞税額を免除しても差し支えありません。

❖　国税通則法第63条第1項と第3項の適用関係
　○　事業の廃止等による納税の猶予又は換価の猶予の場合の延滞税免除

A：　猶予期間中の延滞金のうち、年7.3%の割合を超える部分（上図A部分）について国税通則法第63条第1項の規定により免除します。
B：　猶予期間中の延滞金のうち、Aの免除に該当しない部分（上図B部分）は、納税者の生活、事業等の情況から延滞税の納付を困難とするやむを得ない理由がある場合に限り、同条第3項の規定により免除することができます。
C：　猶予期限後に納付された場合については、猶予期限後の納付についてやむを得ない理由があり、かつ、延滞金の納付が納税者の生活の状況等からみて納付困難な額を限度（上図C部分）として、同条第3項により免除することができます。

2 納税の猶予等における延滞税の免除金額の特例

　納税の猶予等をした国税あるいは充足差押え等に係る国税について、猶予特例基準割合が適用される期間の延滞税は、次のようになります（措94②）。

- 適用期間の基本となる延滞税の額は、延滞税特例基準割合を適用して算定します。
- その上で更に、猶予特例基準割合により算定した額を超える部分の延滞税を免除します。

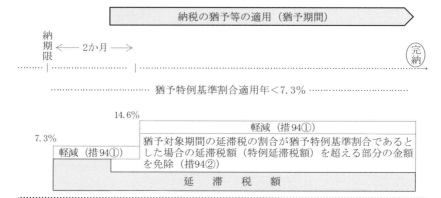

【令和3年1月1日以降の期間に対応する延滞税の免除額の計算式】
① 免除対象期間に対応する部分の延滞税額
② 免除対象期間に対応する部分の猶予特例基準割合で算出した額
③ 免除額＝①－②
（結果として、猶予特例基準割合による延滞税額（上図 延滞税額 部分）での納付となります。）

➤ 猶予期間中の延滞金について
　　納税の猶予等の期間中は、猶予特例基準割合（令和4年、5年、6年中は年0.9％）が適用されることになります。

3 滞納処分停止と延滞税免除

　国税通則法第63条第1項では、滞納処分の停止をした場合には、当該停止期間中の延滞税負担の軽減を図るため停止をした国税に係る延滞税のうち、

第6章　納税緩和制度におけるその他留意事項

その停止をした期間に対応する部分の金額に相当する金額は免除されます（下図）。この場合の「停止した期間」とは、その停止した日から起算してその取消しの日又は停止に係る国税の完納等による納税義務の消滅の日までをいいます（徴基通153−14）。

《図示》　滞納処分の停止と延滞金の免除

　(注)　上記7.3％、14.6％は、令和6年中は、年2.4％、年8.7％です。

☞　240頁「滞納処分の停止の効果」参照

[50] 猶予と時効の完成猶予及び更新

納税の緩和制度を活用した場合における時効の完成猶予及び更新について説明してください。

納税の猶予又は滞納処分に関する猶予に係る部分の国税については、その猶予されている期間内は、徴収権の消滅時効が進行しません。

解説

1 猶予と時効の完成猶予・更新

納税の猶予又は滞納処分に関する猶予に係る部分の国税については、その猶予されている期間内は、徴収権の消滅時効が進行しません（通73④）。

❖ 換価の猶予等による時効の不進行

職権による換価の猶予

```
                    換価の猶予等の           猶予期間の
                      許可日                終了日
┌─────────────┬─────────────────────┬─────────────────────────┐
│ 時効進行期間（A）│   （時効不進行）     │    時効進行期間（B）    │
└─────────────┴─────────────────────┴─────────────────────────┘
  ·······(A)·······                    ································(B)································→
                                                        (A) ＋ (B) で5年
```

申請による換価の猶予

納税者が猶予申請書を提出すると、その申請書に記載されている猶予に係る国税の納付義務を「承認」してものと認められます。

そこで、猶予に係る国税の徴収権の消滅時効進行は申請によりリセットされ、申請書を提出した時から新たに進行を始めることになります（通73④、民152①）が、下図のとおり、猶予期間内は徴収権の時効は進行しないため（通72③）、新たな時効の進行は、猶予期間が終了した日の翌日から開始します。

第6章　納税緩和制度におけるその他留意事項

> 猶予が申請に基づく場合は、その申請をもって承認（民152①）がされたことになります。
> 時効の「完成猶予」は、一定の事由が発生した場合に、その後も時効は進行し続けますが、その事由の継続中及びその事由の終了時から一定期間が経過するまでの間は、時効が完成しないことをいいます。

2　滞納処分の停止と時効の完成猶予・更新

　滞納処分の停止が3年間継続したときは、停止した国税の納税義務は消滅します（徴153④）。

　しかしながら、滞納処分の停止には、時効更新の効力がなく、停止期間中であっても徴収権の消滅時効は進行するので、停止後3年を経過する前に徴収権の消滅時効が完成する場合には、その時点で納税義務は法律上当然に消滅します。

❖　滞納処分の停止

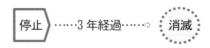

> 「3年の期間」
> 　この場合の3年の期間は、除斥期間と考えられることから、消滅時効の期間と異なり、その時効の完成猶予及び更新の制度はありません。
> 　すなわち、滞納処分の停止期間中に、納付、捜索、交付要求等の時効の完成猶予及び更新事由があった場合でも、停止期間が満了したときは、納税義務は消滅します。

❖　停止期間中の消滅時効

　徴収権の消滅時効は、滞納処分の停止期間中も進行し（徴基通153-12）、

消滅時効が完成すれば、滞納処分の停止期間内でも納税義務は消滅します。

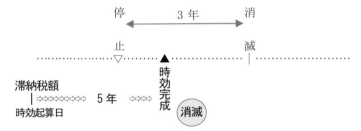

第7章

地方税における納税緩和制度

第7章 地方税における納税緩和制度

[51] 地方税における納税の緩和制度

地方税における納税の緩和制度にはどのようなものがありますか。

地方税においても、国税同様に納税緩和制度があります。
「徴収猶予」、「職権による換価の猶予」、「申請による換価の猶予」及び「滞納処分の停止」があります。

納税の緩和制度 …… 「徴収猶予」
　　　　　　　　　　「換価の猶予」（①職権による換価の猶予、
　　　　　　　　　　②申請による換価の猶予）
　　　　　　　　　　「滞納処分の停止」

解説

1 地方税における納税の緩和制度

地方税の徴収に当たっては、その納期限までに納付されない場合は、滞納処分を執行して強制的に徴収することが原則ですが、その一方で、滞納者の個別事情によっては、強制的な手段によって徴収することが適当でない場合があります。

このような場合、一定の期間、滞納処分の執行を緩和し、滞納者に事業を継続させ又は生活を維持させながら、徴収金を円滑に徴収することを目的として、納税の緩和制度があります。

この納税緩和制度には、徴収猶予（地15）、換価の猶予（地15の5、15の6）及び滞納処分の停止（地15の7）などがあります。

徴収猶予……災害等による徴収猶予（地15①）
　　　　　…賦課遅延による徴収猶予（地15②）

換価の猶予┈┈┈職権による換価の猶予（地15の5）
　　　　　　┈申請による換価の猶予（地15の6）

滞納処分の停止（地15の7）

 地方税と国税との猶予制度の条文対比表

	地方税	国税
徴収猶予 納税の猶予	―	国税通則法46条1項 《相当な損失による納税の猶予》
	地方税法15条1項 《災害等による徴収猶予》	国税通則法46条2項 《災害等に基づく納税の猶予》
	地方税法15条2項 《賦課遅延による徴収猶予》	国税通則法46条3項 《確定手続の遅延に基づく納税の猶予》
換価の猶予	地方税法15条の5 《職権による換価の猶予》	国税徴収法151条 《職権の換価の猶予》
	地方税法15条の6 《申請による換価の猶予》	国税徴収法151条の2 《申請による換価の猶予》

(注)　国税通則法第46条第1項の「相当な損失による納税の猶予」に相当する地方税法上の徴収猶予はありません。

2　徴収猶予及び換価の猶予の概要

　納税及び徴収に関する猶予制度としての「徴収猶予」、「職権による換価の猶予」、及び「申請による換価の猶予」の概要は、次表のとおりです。

第7章　地方税における納税緩和制度

❖　地方税法における猶予制度の概要

	徴収猶予（地15）	換価の猶予	
		職権による換価の猶予（地15の5）	申請による換価の猶予（地15の6）
要件	災害等による徴収猶予 ①災害・盗難、病気等の事実に基づき、徴収金を一時に納付できないと認められるとき（地15①） ②事業の休廃止、事業の損失等により、徴収金を一時に納付することができないと認められるとき（15①） 賦課遅延による徴収猶予 ③確定手続等が遅延した場合で、その徴収金を一時に納付することができない理由があると認められるとき（15②）	次のいずれかに該当し、かつ、納税について誠実な意思を有していること（15の5） ①　財産の換価を直ちにすることにより、その事業の継続又はその生活の維持を困難にするおそれがあるとき ②　財産の換価を猶予することが、直ちにその換価をすることに比べて、滞納に係る徴収金及び最近における納付すべきこととなる徴収金を徴収する上で有利であるとき	一時に納付することにより事業継続・生活維持困難となるおそれがあり、納税について誠実な意思を有するとき ただし、他に滞納がある場合は除く（15の6）
申請	上記①、②は該当事実に基づき、③は納期限内に	（職権による）	納期限から条例で定める期間内にされた申請（15の6①）
猶予期間	1年以内 やむを得ない理由があるときは申請により2年まで延長（15④）	職権により1年以内の期間 やむを得ない理由があるときは2年まで延長（15の5）	1年以内の期間 やむを得ない理由があるときは、申請により2年まで延長（15の6③）
担保	・担保を徴する必要がないとして条例で定める場合を除き、猶予に係る金額に相当する担保で、次に掲げるものを徴しなければならない（16①） 　国債、地方債、社債、その他の有価証券、土地、保険に付した建物等、保証人の保証等 ・差押えた財産がある場合は、その価額を控除して額を限度とする（16②） ・担保することができないと認めるとき、差押えを解除したとき、増担保、保証人の変更等の措置を求めることができる（16③）		
分割納付	条例で定めるところにより、猶予金額を、財産の状況からみて合理的・妥当なものに分割納付・納入させることができる（15③）	条例で定めるところにより、猶予金額（納付困難金額として政令で定める金額を限度）を、財産の状況等からみて合理的・妥当なものに分割納付・納入させるものとする（15の5②、15の6③）	
手続等	・該当する事実に基づく条例で定める事項を記載した申請書に、事実を証する書類（条例で定める）を添付し長に提出（15の2①②） ・延長を申請する場合も同様（15の2③）	・必要があると認める場合は、条例で定める書類の提出を求めることができる（15の5の2①） ・期間の延長をする場合で必要があると認める場合は、条例で定める書類の提出を求めることができる（15の5の2②）	・当該事実に基づく条例で定める事項を記載した申請書に、条例で定める書類を添付し長に提出（15の6の2①） ・延長を申請する場合も同様（15の6の2②）

270

手続等	・添付すべき書類については「災害等による徴収猶予」の申請・期間の延長の場合で提出困難と長が認める場合は添付を要しない（15の2④） ・長は、提出された申請の事項について調査を行い決定する（15の2⑤） ・申請書・添付書類に不備又は提出がない場合は書面により通知し、提出・訂正を求めることができる（15の2⑥⑦） ・条例で定める期限内に訂正又は提出がない場合、長は当該期間の経過した日に取下げたものとみなす（15の2⑧） ・申請書の提出があった場合において、猶予及び期間の延長を認めない場合（15の2⑨） ア繰上徴収により取消しに該当 イ徴税吏員の質問に答弁せず、検査を拒み、妨げ若しくは忌避 ウ不当な目的により申請が不誠実 エ上記に類する（条例で定める）場合 ・猶予又は期間の延長をしたとき、若しくはそれを認めないときは、通知をしなければならない（15の2の2①②）	・猶予又は期間の延長をしたとき、若しくはそれを認めないときは、通知をしなければならない（15の5の2③）	・提出された申請の事項について調査を行い決定する（15の6の2③） ・申請書・添付書類に不備又は提出がない場合は書面により通知し、提出・訂正を求めることができる（15の6の2③） ・条例で定める期間内に訂正又は提出がない場合は、当該期間の経過した日に取下げたものとみなす（15の6の2③） ・申請書の提出があった場合において、猶予及び期間の延長を認めない場合（15の6の2③） ア繰上徴収により取消しに該当 イ徴税吏員の質問に答弁せず、検査を拒み、妨げ若しくは忌避 ウ不当な目的により申請が不誠実 エ上記に類する（条例で定める）場合 ・猶予又は期間の延長をしたとき、若しくはそれを認めないときは、通知をしなければならない（15の6の2③）
効果	・新たな督促、滞納処分はできない（15の2の3①） ・申請により差押えを解除（15の2の3②） ・果実、第三者債務者から給付を受けた金銭以外のものは換価し徴収金に充てることができる（15の2の3③） ・金銭は徴収金に充てる（15の2の3④）	・必要があると認める場合は、差押えを猶予し、又は解除することができる（15の5の3①） ・果実、第三債務者から給付を受けた金銭以外のものは換価し徴収金に充てることができる（15の5の3②） ・金銭は徴収金に充てる（15の5の3②）	・必要があると認める場合は、差押えを猶予し、又は解除することができる（15の6の3①） ・果実、第三者債務者から給付を受けた金銭以外のものは換価し徴収金に充てることができる（15の6の3②） ・金銭は徴収金に充てる（15の6の3②）

（注）上記「条例で定める」とは、各地方団体で定める条例を示します。

［52］ 地方税、国税における猶予制度との相違点

地方税における猶予制度においては、地方税法の定めのほか条例の定めによるものがあると聞いていますが、どのようなものがありますか。

地方税の緩和制度においても、おおむね国税と同様の制度設計になっていますが、各地方自治体の状況を踏まえ、例えば、猶予の申請期間、担保の提供などについて、地方税法に定めるほか、各地方団体の現状に鑑み、条例で定めているものがあります。

解説

1 地方税法と条例

国税において国税通則法及び国税徴収法に定める納税に関する緩和制度は、地方税においては、地方税法に規定するほか各地方団体で定める「**条例**」によります。

多くの地方団体において、地方団体ごとの様々な現状を踏まえ、その地域に沿った取り扱いを認めることとしています。

➤ 地方団体の条例は、各自治体のホームページ等で確認してください。

2 条例で定めている事例

地方税法に規定するほか、地方団体の現状を踏まえた「条例」に定めることとしているものには、次のようなものがあります。

条例で定める事項等	条文
猶予期間内又は延長後の猶予期間内の分割納付	地15③⑤
申請書又は延長申請書の記載事項（添付書類）	地15の2①〜④、地15の6の2①②

申請書又は添付書類の訂正等の期間	地15の2⑧
猶予又は延長の不許可事由	地15の2⑨四
猶予の取消事由	地15の3①四、七
職権による換価の猶予に必要な書類の提出	地15の5の2①②
申請による換価の猶予の申請期間	地15の6①
申請による換価の猶予の不適用事由	地15の6②
担保の提供を要しない場合	地16①

(1) 申請による換価の猶予の「申請期間」

☞ 前述、別表「申請」欄（条例で定める）参照

(2) 担保に関する条例

担保に関する規定は、地方税法第16条に規定していますが、担保を徴する必要がない場合として、猶予制度に係る取扱いが地方団体ごとで様々である現状を踏まえ、地方団体で定める「条例」で定めることとしています。

☞ 前述、別表「担保」欄（条例で定める）参照

❖ 担保に関する条例

納税の猶予の期間中における地方団体の徴収金の確保を図るため、地方団体の長は、納税を猶予した場合には、原則として**担保を徴しなければなりません**（地16①）。

しかしながら、その猶予に係る金額、期間その他の事情を勘案し、担保を徴する必要がない場合として<u>地方団体の条例で定めたときは不要です</u>（地16①）。

このように、地方税については、国税に比し租税債権当たりの税額が少額であり、国税と同一の金額として場合には、担保を徴取する機会がほぼなくなることや、猶予制度に係る取扱いが地方団体ごとで様々である現状を踏まえ、平成27年度税制改正において、<u>担保徴取を不要とする基準を条</u>

第7章　地方税における納税緩和制度

例に委任することとしています。

(注)　従前、地方税ともに、その猶予に係る金額が50万円以下である場合には担保の徴取は不要とされていたところ、平成26年度税制改正において、地方税については、猶予制度を使いやすくする観点から改正が行われました。

(3)　**添付書類**

☞　前述、別表「手続」欄（条例で定める）参照

[53] 地方税における「滞納処分の停止」

国税において滞納処分の停止を受けました。地方税においても国税同様、滞納処分の停止の制度はありますか。

地方税における滞納処分の停止も、国税と同様の要件及び効果ですか。

地方税における滞納処分の停止は、地方税法第15条の7に定められていますが、おおむね国税と同様の要件、効果を有しています。

解説

地方税法第15条の7において、国税と同様（徴153）、「滞納処分の停止」に関する規定を設けています。

地方税、国税における「滞納処分の停止」の概要は、次に掲げるとおりです。

《停止の要件》

地　方　税	国　税
・滞納処分することができる財産がないとき（地15の7①一）	・滞納処分の執行等＊をすることができる財産がないとき（徴153①一）
・滞納処分することによって生活困窮（地15の7①二）	・滞納処分の執行等をすることによって滞納者生活を著しく窮迫させるおそれがあるとき（徴153①二）
・所在、財産ともに不明（地15の7①三）	・滞納者の所在及び滞納処分の執行等をすることができる財産がともに不明であるとき（徴153①三）

＊　国税における停止要件の追加…「滞納処分の執行等」

　平成24年の改正において、税務行政執行共助条約等における徴収共助等に関する規定についての国内担保法の整備に伴い、国税について徴収共助の要請による徴収の状況を含めて、その執行を停止する事実があるかどうかを判断することとされています。

第7章 地方税における納税緩和制度

 国税と地方税の納税緩和制度関係条文対比表

	地 方 税	国税
猶予関係	―	国税通則法46条1項《相当な損失による納税の猶予》
	地方税法15条1項《災害等による徴収猶予》	国税通則法46条2項《災害等に基づく納税の猶予》
	地方税法15条2項《賦課遅延による徴収猶予》	国税通則法46条3項《課税遅延による納税の猶予》
	地方税法15条の5《職権による換価の猶予》	国税徴収法151条《職権による換価の猶予》
	地方税法15条の6《申請による換価の猶予》	国税徴収法151条の2《申請による換価の猶予》
停止	地方税法15条の7《滞納処分の停止》	国税徴収法153条《滞納処分の停止》
	地方税法15条の8《滞納処分の停止の取消し》	国税徴収法154条《滞納処分の停止の取消》
担保	地方税法16条《担保の徴取》　1項（担保の種類）　3項（担保の変更等）	国税通則法50条《担保の種類》
		国税通則法51条《担保の変更等》
	地方税法16条の5《担保の処分》	国税通則法52条《担保の処分》
延滞金	地方税法15条の9《徴収猶予等の場合の延滞金免除》	国税通則法63条《納税の猶予等の場合の延滞税免除》
	地方税法附則3条の2《延滞金等の特例の割合》	措置法94条《延滞税の特例の割合》

(注) 国税通則法第46条第1項の「相当な損失による納税の猶予」に相当する、地方税法上の徴収猶予はありません。

索 引

い
一般的な納税の猶予……………33

え
延滞税の免除……………90、242
延滞税の割合……………257

か
確定手続の遅延に基づく納税の
　猶予……………34、65
換価の禁止……………166
換価の猶予……………20、134
換価の猶予期間延長申請書……180
換価の猶予申請書……………176
換価の猶予の効果……………166

け
現在納付可能資金額……………107

こ
個別指定……………14

さ
災害等による期限の延長……………13
財産収支状況書……………106
財産目録……………114
再度の延長……………92

し
事業継続又は生活維持の困難……145
時効の完成猶予及び更新……89、263
事後調査（監査）……………246
質権設定承認請求書……………216
質問検査権……………84
収支の明細書……………121
条例で定める……………272
職権による換価の猶予……………183
申請期限……………139

そ
相当な損失による納税の猶予………33

た
滞納処分の一部停止……………238
滞納処分の執行等……………230
滞納処分の停止……………20、228、275
滞納処分の停止適否検討表……………253
滞納処分の停止の効果……………240
滞納処分の停止の取消し……………248
滞納処分の停止の要件……………230
担保提供書……………217
担保の種類……………203
担保の処分……………221
担保の徴取……………45
担保の徴取と差押え等との関係……202
担保の提供……………79
担保の提供手続……………207
担保の評価（担保価額）……………206
担保の不徴取……………41

ち
地域指定……………14
地方税、国税における猶予制度
　との相違点……………272

地方税における「滞納処分の停止」…………………………………275
地方税における納税の緩和制度…268
徴収上有利………………………183
徴収猶予…………………………268

つ

つなぎ資金………………………156

て

停止期間中の事後監査…………246
停止即消滅………………………244
抵当権設定登記承諾書…………217

と

取消事由……………………………96

の

納税義務の消滅…………………241
納税義務の消滅の特例（停止即消滅）…………………………244
納税についての誠実な意思……146
納税の緩和制度……………………8
納税の猶予…………………………19
納税の猶予期間延長申請書……129
納税の猶予申請書（第46条第1項）………………………………54
納税の猶予申請書（第46条第○項）………………………………100
納税の猶予等と延滞税…………256
納税の猶予等の場合の延滞税の免除…………………………259
納税の猶予に伴う審査等…………83

納税の猶予の効果…………………87
納税の猶予の特例…………………24
納税の猶予の取消し………………96
納税保証書………………………218
納税保証人からの徴収…………223
納付催告書………………………226
納付通知書………………………226

ゆ

猶予該当事実………………………38
猶予期間の延長……45、75、91、170
猶予基準の特例……………………48
猶予する期間（猶予期間）………72
猶予する金額（猶予金額）………71
猶予制度の沿革……………………23
猶予制度の特徴とその選択………25
猶予に伴う担保…………………200
猶予の取消し………………96、173、196
猶予の不許可…………………50、85

ふ

不許可の通知………………………86
物上保証人………………………219
分割納付……………………………73
分納金額の変更……………………76

へ

弁明の聴取…………………………97

ほ

法人の保証………………………212
法定代理人………………………208
保険金請求権に対する保全措置…215

保証人…………………………211
保証人に対する情報提供義務……224
補正手続………………………82

み

見込納付能力調査………………156

〔著者略歴〕

黒坂 昭一（くろさか しょういち）
国税庁徴収部管理課課長補佐、東京国税不服審判所副審判官、杉並税務署副署長、税務大学校研究部教授、東京国税局徴収部特別整理部門統括国税徴収官、同徴収部納税管理官、同徴収部国税訟務官室主任国税訟務官等を経て、平成26年7月東村山税務署長を最後に退官。同年8月税理士登録。その後、千葉商科大学大学院客員教授、亜細亜大学非常勤講師を経て、自治大学校講師。

栗谷 桂一（くりたに けいいち）
国税庁徴収課訴訟係長、東京国税不服審判所国税審査官、預金保険機構特別業務部調査役（住宅金融債権等回収業務）、東京国税局徴収部特別整理総括二課総括主査（審理担当）、東京国税局徴収部国税訟務官、税務大学校研究部教授、税務署副署長、税務署特別国税徴収官、東金税務署長を経て平成29年7月定年、その後、再任用職員として令和2年7月まで税務署徴収部門で滞納整理事務に従事、同月退官。現在、東京国際大学大学院非常勤講師。

納税緩和制度の実務ハンドブック

令和6年10月23日　初版印刷
令和6年11月8日　初版発行

不許複製

著　者　黒　坂　昭　一
　　　　栗　谷　桂　一

（一財）大蔵財務協会　理事長
発行者　木　村　幸　俊

発行所　一般財団法人　大　蔵　財　務　協　会
〔郵便番号　130-8585〕
東京都墨田区東駒形1丁目14番1号
（販　売　部）TEL03(3829)4141・FAX03(3829)4001
（出版編集部）TEL03(3829)4142・FAX03(3829)4005
https://www.zaikyo.or.jp

乱丁・落丁はお取替えいたします。　　　印刷　恵友社
ISBN978-4-7547-3275-2